रासायनिक
तथ्य
विचित्र
किंतु सत्य

रासायनिक तथ्य विचित्र किंतु सत्य

सुशीला राय

ग्रंथ अकादमी, नई दिल्ली

प्रकाशक : ग्रंथ अकादमी,
भवन संख्या–19, पहली मंजिल, 2, अंसारी रोड, दरियागंज, नई दिल्ली–110002
 / संस्करण : 2024 / मूल्य : तीन सौ रुपए
मुद्रक : नरुला प्रिंटर्स, दिल्ली ISBN 978-93-83110-64-3

RASAYANIK TATHYA : VICHITRA KINTU SATYA
by Smt. Sushila Rai ₹ 300.00
Published by **GRANTH AKADEMI**
Building No. 19, First Floor 2, Ansari Road, Daryaganj, New Delhi-110002

आभार

मेरा बचपन और प्रारंभिक शिक्षा नर्मदा नदी के पावन तट पर स्थित होशंगाबाद में नर्मदेश्वर की कलाओं के साथ साधु-संतों, मदारी, बाजीगरों और ठगों के कार्य-कलापों के दर्शन के साथ बीता। माँ शिक्षिका थीं, अतः उनकी गागर में सागर भरने की चेष्टा ने जिज्ञासु मन को और तीक्ष्ण बना डाला। अनेक पत्र-पत्रिकाओं, पुस्तकों और दैनिक वार्त्तालाप से लोक-विज्ञान से प्रारंभिक परिचय बढ़ा। उत्तरोत्तर जिज्ञासा-शांति के साथ विज्ञान के प्रति बढ़ती रुचि ने मुझे वैज्ञानिक बनने का सबल आधार दिया। बाल मन में संगृहीत यह बीज रक्षा अनुसंधान व विकास संगठन के सत्ताईस वर्ष के कार्यकाल में अनुकूल वातावरण में उपजा एवं फला-फूला। हिंदी विज्ञान साहित्य के ख्याति-प्राप्त लेखक तथा विज्ञान परिषद्, प्रयाग के एक स्तंभ गुरुवर डॉ. शिवगोपाल मिश्र की प्रेरणा एवं अपने पति डॉ. रामगोपाल (वरिष्ठ वैज्ञानिक) के सहयोग से इस बाल विज्ञान पुस्तक का सृजन संभव हुआ है। मैं हृदय से अपनी विदुषी माँ श्रीमती दुर्गाबाई राय के साथ इन स्वजनों का आभार व्यक्त करती हूँ।

57-अ, रक्षा प्रयोगशाला,
जोधपुर (राजस्थान)

—सुशीला राय

अनुक्रमणिका

रासायनिक तथ्य : विचित्र किंतु सत्य

रसायनशास्त्र एक ऐसा विस्मयकारी विषय है, जिसकी विभिन्न क्रियाओं के परदे के पीछे जादू, रहस्य और रोमांच के अनेक अजूबे छिपे हुए हैं। जादूगर सम्राट् पी.सी. सरकार और जादूगर सम्राट् आनंद 'गिली-गिली अप्पा' करते हुए ऐसा मायाजाल रचते हैं कि भोलीभाली जनता इन विचित्र कारनामों को सत्य मानते हुए दाँतों तले उँगली दबा लेती है। भारतवर्ष में प्राचीन समय से ही मदारी, जासूस, जादूगर, बाजीगर, अय्यार, ढोंगी साधु और ठग इस विज्ञान के सहारे विचित्र किंतु सत्य प्रदर्शनों को करते देखे गए हैं। अंग्रेजी का यह कथन 'Chemistry is mystery' इन अजूबों पर अच्छी तरह फिट बैठता है। इस पुस्तक के माध्यम से मैं आपके समक्ष रसायन विज्ञान से संबंधित कुछ तथ्यों को उजागर कर आपका कौतूहल मिटाना चाहती हूँ; ताकि आपके मानस-पटल पर यह तथ्य स्पष्ट हो जाए कि ये विचित्र खेल-तमाशे जादू-टोने नहीं हैं, बल्कि हाथ की सफाई के द्वारा वैज्ञानिक सत्यों को दर्शकों के सामने प्रस्तुत किया जाना है। तो आओ, हम एक-एक कर जादू के इन खेलों की सच्ची जानकारी हासिल करें। विज्ञान का विकास इसी तरह हुआ भी है।

बोतल में अंडा

अरे, यह क्या! जादूगर ने किस जादू के प्रयोग से साबुत अंडा छोटे मुँह की बोतल में रख दिया! यह इस बोतल में कैसे आ गया! पड़ गए न आश्चर्य में और दबा बैठे उँगली दाँतों तले।

अब आपके मन में जिज्ञासा हो रही होगी कि क्या हम भी अंडा बोतल में रख सकते हैं। यह असंभव कार्य संभव कैसे हो सकता है? तो आओ, मैं आपको बोतल में अंडा रखना सिखाती हूँ।

जादूगर सम्राट् सर्वप्रथम किसी एक साबुत अंडे को सिरका (एसिटिक ह्यएसिड) में रखता है, जिससे उसका बाहरी छिलका घुल जाता है। अब छिलकारहित आंतरिक झिल्लीवाले कवच के इस अंडे को नमक के संतृप्त घोल में कई घंटे तक रखा जाता है, जिससे यह अंडा परासरण प्रक्रिया (Osmosis) द्वारा सिकुड़ जाता है। इस सिकुड़े, लचीले, साबुत छोटे अंडे को जादूगर छिपाकर रखता है। दर्शकों के सामने जादूगर बोतल के मुँह पर एक साबुत बाह्य कवच के साथवाला अंडा रख देता है और दर्शकों से इसे बोतल में डालने को कहता है। इस बीच वह अपनी चटपटी बातों, रसीली वेशभूषा एवं अजीबो-गरीब हाव-भाव में उलझाकर साबुत अंडे की जगह पहलेवाला वह सिकुड़ा, छोटा एवं लचीला अंडा बोतल के अंदर आसानी से सरका देता है तथा अपनी विश्वसनीयता को बनाए रखने के लिए बोतल को पानी से भर देता है और कहता है कि 'देखिए, बोतल खाली थी, इसमें कोई करिश्मा या अद्‌भुत तरकीब छिपी हुई नहीं है।' फिर थोड़ा समय बातों में लगाता है या कोई दूसरा खेल दिखाता है और दर्शकों को पुनः अंडा बाहर निकालने के लिए आमंत्रित करता है। कई बार तो शर्त लगा लेने की बात भी कह डालता है। इस दौरान वह सिकुड़ा हुआ अंडा विपरीत परासरण (Reverse Osmosis) द्वारा पानी को सोखकर पुनः अपनी पूर्ववत् बड़े आकारवाली स्थिति में आ जाता है। यह बड़ा अंडा स्वयं जादूगर भी बोतल से बाहर नहीं निकाल सकता तो फिर दर्शकों द्वारा यह बाहर निकालने का प्रश्न ही कहाँ उठता है? इस प्रकार बोतल में अंडा डालने और बाहर निकालने के दोहरे जादू से जादूगर दर्शकों को आश्चर्य में डाल देता है।

इसी तरह आपने चंपा, गुलाब, सिकुड़े हुए गुब्बारे आदि बोतल में डालकर, पानी से भरकर दिल्ली जैसे महानगरों में बिकते हुए देखे होंगे। तो अब आप स्वयं यह प्रयोग करके अपने दोस्तों को आश्चर्य में डाल सकते हैं।

बिना चीर-फाड़ के ऑपरेशन

आजकल कई साधु-ठग अपने हाथ की सफाई से भोलेभाले पेट के सामान्य रोगियों को बहका देते हैं कि उनके पेट में पथरी (Stone) है और

कहते हैं कि 'आओ, हम उसे बिना चीर-फाड़ (ऑपरेशन) के बाहर निकाल देते हैं।' बस, फिर क्या, वे पूजा-पाठ करके जितनी ठगी कर सकते हैं, कर लेते हैं। तो ये बिना ऑपरेशन के पथरी निकालकर जनता को कैसे लूटते हैं? यह भी हाथ की सफाई और निम्न रासायनिक क्रिया का जादू मात्र है।

होता यह है कि ये विशेष अस्वस्थ व्यक्ति की मन:स्थिति को इस तरह बदलने में सफल हो जाते हैं कि उसके पेट में सचमुच पथरी है और यह पथरी ही उसके रोग का कारण है। अस्वस्थ व्यक्ति उसके बहकावे में आ जाता है। अब देखिए, वह कितनी सफाई से ऑपरेशन कर रहा है।

दरअसल, वह सर्वप्रथम त्वचा साफ करने के बहाने रोगी के पेट पर चूने का पानी लगा देता है और यह कहकर कि हलदी दर्दनिवारक है, हाथ में ले लेता है। अब वह हलदी को उसके पेट पर धीरे-धीरे मलता है। यहाँ पहले से लगा चूने का पानी हलदी से रासायनिक क्रिया कर लाल खून जैसा रंग बना देता है। ढोंगी साधु झूठ-मूठ मंत्र पढ़ने का स्वाँग करता हुआ मुँह से कुछ बड़बड़ाता जाता है। वह चूने का पानी डालते हुए पोंछता जाता है, जिससे नकली खून साफ हो जाता है। इस बीच हाथ की सफाई से एक छोटी-सी कंकरी उसके पेट पर मलते हुए निकालकर दिखाता है और सबकी वाहवाही लूटता है। पेट पर चीर-फाड़ का कोई निशान नहीं देख वह भोलाभाला मरीज यही सोचता है कि बिना ऑपरेशन किए उसके पेट से पथरी निकल गई है। वह साधु साथ में एक गिलास जल भी मरीज को पिलाता है, जिसमें पेटदर्द की 'बेलारगन' गोली के साथ शरबत मिला होता है। थोड़ी देर में पेटदर्द स्वत: शांत हो जाता है।

यह जादू सिर्फ हाथ की सफाई ही नहीं, एक रासायनिक क्रिया है; जिसमें चूने का क्षार हलदी के प्राकृतिक पीले रंग को लाल रंग में बदल देता है। इसमें पेटदर्द की गोली भी अपना काम साथ-साथ करती है।

जल को दूध और दूध को जल में बदलना

जादूगर बड़ी सफाई से पानी को दूध में बदलकर और दूधिया जल को पुन: स्वच्छ जल में बदलकर बच्चों एवं बड़ों को हैरत में डाल देता है। इसके

पीछे जो रहस्य छिपा हुआ है, वह कुछ इस प्रकार है—

इस साधारण रासायनिक क्रिया में सफेद-स्वच्छ चूने के पानी में मुँह की कार्बन डाइऑक्साइड गैस को मंत्र फूँकते हुए इतना मिलाते जाते हैं कि वह दूधिया रंग में परिवर्तित हो जाता है; जिसे निम्न रासायनिक समीकरण से समझा जा सकता है—

$Ca\ (OH)_2 + CO_2 \rightarrow (CaCo_3)_2 + H_2O$...(अ)

स्वच्छ चूने का पानी+मुँह की हवा द्वारा कार्बन डाइऑक्साइड—दूधिया पानी।

अब इस दूधिया पानी में पुन: 'गिल-गिली अप्पा' या मंत्रों का उच्चारण करते हुए मुँह से कार्बन डाइऑक्साइड एक नली से बुलबुले के रूप में छोड़ते हैं, जिससे दूधिया रंग पारदर्शी स्वच्छ जल में बदल जाता है। इसे निम्न समीकरण द्वारा समझा जा सकता है—

$CaCO_3 + H_2O + CO_2 \rightarrow Ca(HCO_3)_2$...(ब)

दूधिया पानी+मुँह की हवा—स्वच्छ पारदर्शी पानी।

इस जादू के पीछे यह रासायनिक तथ्य छिपा हुआ है—[$Ca(HCO_3)_2$] यहाँ कैल्शियम कार्बोनेट $(CaCO_3)_2$ पानी में अघुलनशील होने के कारण दूधिया रंग देता है तथा बाद में कैल्शियम बाइकार्बोनेट पानी में पूर्ण घुलनशील होने के कारण स्वच्छ पारदर्शी दिखाई देता है।

रंग-बिरंगा रासायनिक बगीचा

यह रासायनिक बगीन्चा बड़ी सहजता से काँच या प्लास्टिक के बरतनों में उगाया जा सकता है। बस! आप सर्वप्रथम काँच या प्लास्टिक के किसी भी आकार का बरतन लें। अब इस बरतन में एक इंच गहरी बालू भर दें तथा बाकी खाली जगह में वाटर-ग्लास (सोडियम सिलिकेट) एवं पानी की बराबर-बराबर मात्रा लेकर भर दें। जार (बरतन) को पूरा भरने के बाद इसमें निम्नलिखित रसायनों; जैसे—कॉपर सल्फेट, निकिल सल्फेट, कोबाल्ट सल्फेट, फेरस सल्फेट, मैंगनीज क्लोराइड, एलुमीनियम सल्फेट आदि रंगीन लवणों के कुछ दाने इस तरह गिराएँ कि रंगों का खूबसूरत प्रभाव उत्पन्न

हो। कुछ ही देर में ये दाने ऊपर की ओर आकर्षक ढंग से बढ़ते दिखाई देंगे और लगभग एक-डेढ़ घंटे में पूरा बगीचा तैयार हो जाएगा। यह ऐसा खूबसूरत बगीचा बन जाएगा, जिसमें विभिन्न रंगों की छटा देखते ही बनेगी। दरअसल ये रंग-बिरंगे पौधे धातुओं के सिलिकेट क्रिस्टल हैं, जो चित्ताकर्षक लगते हैं।

अब एक दिन बाद सोडियम सिलिकेट के बचे मिश्रण को सावधानीपूर्वक निकालकर उसमें ताजा पानी भर दें। आपके बगीचे के पेड़-पौधे धातु सिलिकेट के बने हैं, जो पानी में अघुलनशील हैं। ये पौधे तब तक साथ निभाएँगे जब तक कि प्लास्टिक या काँच का बरतन सही-सलामत रहेगा।

बर्फीले पेड़

बर्फ से आच्छादित पेड़ उगाने के लिए एक आयताकार या चौकोर काँच का ट्रफ लीजिए। अब इसमें जस्ते (जिंक) के बरतन के नाप की सीधी दो छड़ें लीजिए और इसे सिरका (एसिटिक एसिड) से भरे ट्रफ में सीधी रखकर स्टैंड से बाँध दीजिए। कुछ ही मिनटों में इन छड़ों के चारों तरफ वृक्ष के आकार की सफेद-सफेद आकृतियाँ उभर आएँगी, जो हिमाच्छादित वृक्ष की तरह दिखाई देती हैं। वस्तुत: ये पेड़ जिंक एसिटेट के होते हैं, जो छड़ों के चारों ओर एकत्र होकर बर्फ से ढके वृक्षों की आकृतियों का आभास देते हैं। परंतु इन्हें एक दिन से ज्यादा नहीं रख सकते।

कृत्रिम वर्षा

जादूगर के जादू देखते-देखते अभी हम उठने ही वाले थे कि अचानक यह वर्षा कैसी? यह सचमुच की वर्षा से मिलती-जुलती बरसात थी। सभी दर्शकगण इस वर्षा से बचने के लिए इधर-उधर भागने लगे और थोड़ी ही देर में यह बरसात थम भी गई।

प्राचीनकाल से ही मनुष्य की यह महत्त्वाकांक्षा रही है कि वह जब चाहे, जहाँ चाहे—वर्षा उत्पन्न करने की क्षमता प्राप्त कर सके। आपने खिड़की या दरवाजे के छिद्रों से आती हुई प्रकाश किरणों की रेखा में चमकते धूल के कण देखे होंगे। इसी प्रकार वाष्प के कण वायुमंडल में सदा निलंबित रहते हैं। साधारण अवस्था में बादलों में वाष्प कण अपेक्षाकृत बड़े और सैकड़ों गुना छोटे तथा सघन होते हैं; किंतु ये वाष्प या मेघ कण इतने सूक्ष्म होते हैं कि हवाओं के प्रतिरोध के विपरीत पृथ्वी पर वर्षा के रूप में गिर नहीं पाते। जब कभी मेघ कणों को ऐसी सुविधा प्राप्त होती है कि वे एक-दूसरे से मिलकर या किसी अन्य प्रणाली द्वारा बूँदों के आकार में यथेष्ट बड़े हो जाएँ, तो वे भार के कारण भूमि की ओर बरसने लगते हैं। इस सुविधा के अभाव में बादल होते हुए भी हमें वर्षा से वंचित रह जाना पड़ता है। मेघ कणों की यथेष्ट आकार-वृद्धि ही वास्तव में वर्षा का कारण और इस वृद्धि के लिए सुविधा प्रदान कराना ही कृत्रिम वर्षा का सिद्धांत है। इस विधि को क्लाउड सीडिंग (Cloud Seeding) कहते हैं। आज यह महत्त्वाकांक्षा मनुष्य

ने पूरी कर ली है तथा इसी ज्ञान के सहारे जादूगर ने एक ओर से पानी की वाष्प और दूसरी तरफ से सिल्वर आयोडाइड, सिल्वर क्लोराइड या सोडियम क्लोराइड आदि रसायनों का छिड़काव कर दर्शकों के ऊपर कृत्रिम वर्षा कराकर सभी को आश्चर्यचकित कर दिया। अत: यह कोई जादू नहीं बल्कि रासायनिक क्रिया का ही चमत्कार है।

अग्निदेव वशीकरण मंत्र

पाठको! मैं आपको हवनकुंड में जादुई अग्नि उत्पन्न करने का मंत्र बताती हूँ। इस मंत्र द्वारा अग्निदेव तत्काल प्रकट हो जाते हैं; जैसे वह आपके वश में ही हों। 'ओ३म् स्वाहा' की आहुति देते हुए पोटैशियम परमैगनेट एवं ग्लिसरीन का प्रयोग किया जाता है और इन दोनों रसायनों के प्रयोग से आप इस जादुई अग्नि को प्रत्यक्ष देख और महसूस कर सकते हैं।

इस जादुई अग्नि को दिखाने के लिए सर्वप्रथम हवनकुंड में लाल दवा, जिसे पोटैशियम परमैगनेट भी कहते हैं, का पाउडर बिछा देते हैं और लकड़ी की चम्मच द्वारा घी के स्थान पर ग्लिसरीन की आहुति मंत्रों के उच्चारण द्वारा दी जाती है। अब दोनों रसायनों के संयोग से स्वत: ही अग्नि प्रज्वलित हो जाती है। यह ऊष्माक्षेपी (Exothermic) क्रिया है, जिसमें ऊष्मा निकलती है। अत: सावधानीपूर्वक की जानी चाहिए।

कृत्रिम रंगीन फव्वारा

एक गोल तली का काँच का बरतन (Round bottom Flask) लीजिए, जिसमें रबर का कॉर्क लगा हो और काँच की नली फिट की हुई हो। नली को इस प्रकार लगाएँ कि वह लगभग फ्लास्क के मध्य भाग तक पहुँचती हो। इस फ्लास्क में अमोनिया गैस भरी जाती है। इस फ्लास्क को स्टैंड पर इस प्रकार उलटा कस देते हैं कि नली नीचे रखे टब के जल में डूबी रहे। अब इस फ्लास्क के ऊपर ठंडा जल डालें तो शीघ्र ही फ्लास्क के अंदर फव्वारा फूट पड़ेगा।

इस विचित्र फव्वारे के पीछे भौतिक-रासायनिक क्रिया है। अमोनिया गैस ठंडी होने पर गैस से द्रव रूप में बदलती है। द्रव में बदलते ही फ्लास्क में वायुदाब कम हो जाता है, जिसकी आपूर्ति के लिए जल नली में चढ़कर फव्वारे के रूप में निकलने लगता है। यदि टब के जल में संकेतक (Indicator) फिनाफ्थेलीन मिला दिया जाए तो वह अमोनिया से संयोग कर फव्वारे के जल को गुलाबी रंग भी प्रदान करता है। फिनाफ्थेलीन क्षार से मिलकर गुलाबी रंग देता है। इस तरह आप सर्वप्रथम रंगहीन तथा रंगहीन को रंगीन फव्वारे में बदलकर अपने दर्शकों को आश्चर्य में डाल सकते हैं।

रंग-बिरंगे फूल बनाना

जादूगर अपने जादुई करतबों से सफेद फूलों को लाल, पीले, गुलाबी, नीले, हरे आदि विभिन्न रंगों का बनाकर चमत्कृत कर देते हैं तथा हम भी इस जादू से हतप्रभ हुए बगैर नहीं रहते। यदि आप चाहें तो किसी फूल का रंग कुछ मिनटों में बदलकर अपने दोस्तों को आश्चर्य में डाल सकते हैं। इसके लिए आपको थोड़ी-सी मेहनत के साथ कुछ रसायनों को जुटाना होगा।

1. गुलाबी फूल बनाना

प्राकृतिक या कागज के बने सफेद फूल लें तथा इन्हें अमोनिया जल में डुबो दें। जब इनपर फिनाफ्थेलीन मिश्रित जल का छिड़काव करेंगे तो सभी सफेद फूल गुलाबी रंग में खिल उठेंगे।

2. पीले फूल बनाना

विधि 1—सफेद फूलों को कैडमियम क्लोराइड के घोल में उपचारित करने के पश्चात् जब इनपर सोडियम सल्फाइड के जलीय घोल का छिड़काव करेंगे तो पीले रंग के आकर्षक फूल आपका मन मोह लेंगे।

विधि 2—हलके सिरके में भीगे सफेद फूलों पर जब लेड क्लोराइड के गरम घोल का छिड़काव करेंगे तो पीले रंग के फूल खिल उठेंगे।

3. नीले फूल बनाना

सफेद फूलों को कोबाल्ट क्लोराइड के घोल में भिगोकर सुखा लें; तत्पश्चात् उनपर पानी छिड़कें तो वे नीले रंग के हो जाते हैं। कोबाल्ट क्लोराइड सूखी अवस्था में गुलाबी रंग का होता है, जो पानी को सोखकर नीले रंग में बदल जाता है। यह रसायन आर्द्रता मालूम करने के लिए कपड़ों की अलमारी, दवाओं (गोलियों) आदि में रखा जाता है।

4. नीले-हरे फूल बनाना

नीले-हरे फूल बनाने के लिए अमोनिया जल में सफेद फूलों को डुबोकर रख लेते हैं। अब इनपर यदि कॉपर क्लोराइड या क्यूप्रस नाइट्रेट के जलीय घोल का छिड़काव करेंगे तो नीले-हरे रंग के फूल आपका मन मोह लेंगे।

5. काले फूल बनाना

यदि काला गुलाब बनाना हो तो सफेद कागज से बने गुलाब के फूलों को लेड क्लोराइड के तनु घोल में भिगोकर सुखा लें; तत्पश्चात् जब उनपर सोडियम सल्फाइड (Na_2S) के जलीय घोल का छिड़काव करेंगे तो सफेद गुलाब काले गुलाब में बदल जाएगा। सोडियम सल्फाइड की जगह हाइड्रोजन सल्फाइड (H_2S) गैस भी प्रवाहित करने पर सफेद रंग के फूलों को काले रंग के फूलों में बदला जा सकता है।

फूलों को रंगहीन करने का जादू

विधि 1—इसके पूर्व सफेद फूलों को रंगीन फूलों में परिवर्तित करने का जादू बताया गया है। अब यहाँ किसी भी रंग के रंगीन फूलों को जादूगर

एक जार में डाल झूठ-मूठ मंत्र पढ़कर रंगहीन कर देता है। इस रासायनिक जादू के पीछे यह तथ्य छिपा हुआ है कि जार में पहले से ही सल्फर डाइऑक्साइड (SO_2) या क्लोरीन गैस (Cl_2) भरी होती है, जो रंगहीन होने के कारण दिखाई नहीं देती। वह इन रंगों को ब्लीच (ऑक्सीकृत) कर देती है। सल्फर डाइऑक्साइड गैस बनाने के लिए एक काँच की परखनली (Test tube) या पात्र में सल्फर (गंधक) की थोड़ी मात्रा लेकर बर्नर या हीटर पर कुछ मिनट गरम करें। गरम होते ही गैस निकलनी प्रारंभ हो जाएगी। इस गैस को रंगीन फूल पर डालने से फूल का रंग उड़ जाएगा।

विधि 2— *फूलों का रंग बदलना*—विरंजक चूर्ण ($CaOCl_2$) को शुद्ध पानी के साथ घोल बनाकर रख लीजिए। आपके मित्र जब कोई रंगीन फूल लाकर दें और उसका रंग बदलने के लिए कहें तो तुरंत उस फूल के ऊपर उक्त विलयन को छिड़क दीजिए। बस, देखते-ही-देखते फूल का रंग बदल जाएगा। इन परिवर्तित रंगों के फूलों को पुनः कुछ देर के लिए शुद्ध पानी में डाल दीजिए। देखते-ही-देखते फूल अपनी वास्तविकता में आ जाएँगे और तब तक आपके मित्र दाँतों तले उँगली दबाए बगैर नहीं रहेंगे।

जासूसी दस्तावेज और करामाती रोशनाइयाँ

इतिहास साक्षी है कि राजाओं के राजपाट, नवाबों के तख्तोताज और रियासतों के गुप्त संदेशों के पीछे अय्यारों और जासूसों के अद्भुत कारनामे

छिपे हुए हैं; जैसाकि 'चंद्रकांता' पर आधारित बाबू देवकीनंदन खत्री के उपन्यास और इसपर आधारित टी.वी. सीरियल में आपने पढ़ा और देखा कि दस्तावेज़ों, फरमानों, प्रेम-पत्रों और गुप्त संदेशों में अनोखी भाषा और संकेतों के लिए विचित्र रंगीन स्याहियों का प्रयोग किया जाता रहा है। ये पत्र यूँ तो कोरे दिखाई देते थे; परंतु विशेष घोल, गैस और ऊष्मा द्वारा उपचारित करने पर स्पष्ट पढ़ लिये जाते थे और दूसरों को गुप्त बातों की भनक तक नहीं पड़ती थी। यहाँ उन कुछ विचित्र स्याहियों का रहस्य दिया जा रहा है।

चमकता जासूसी दस्तावेज

चमकते दस्तावेज दो प्रकार से लिखे जाते थे। साधारण दस्तावेज़ों के साथ ही गुप्त जासूसी दस्तावेज लिखा जाता था। साधारण दस्तावेज़ों में एलुमीनियम क्लोराइड की परत कपड़े पर लेप द्वारा चढ़ाई जाती थी और उस पर 10 प्रतिशत मरक्युरिक क्लोराइड के घोल की स्याही से लिखा जाता था। ये लिखे हुए अक्षर पाँच मिनट के उपरांत चमकने लगते थे। यदि इन अक्षरों को हलका-सा साफ कर भी दें तो पुनः चमकने लगते थे। इन चमकते अक्षरों के मध्य अदृश्य स्याही से भी संदेश लिख दिए जाते थे, जो वस्तुतः सही संदेश होते थे। इन अदृश्य अक्षरों को विशिष्ट उपचार के बाद पढ़ लिया जाता था। इस प्रकार भ्रमित करने का छद्म तरीका काफी प्रचलित था। इन अदृश्य स्याहियों का वर्णन इस प्रकार है—

1. अदृश्य गोपनीय दस्तावेज

(क) ऊष्मा प्रभावी रँगीले अक्षरों में दस्तावेज

(1) हरे अक्षर : कोबाल्ट नाइट्रेट तथा निकिल सल्फेट की बराबर-बराबर मात्रा लें तथा बहुत ही कम तनु घोल (अर्थात् एक भाग दोनों यौगिकों का 100 मिली लीटर जल में घोलें) बनाएँ। अब जिस कागज पर लिखना हो उसपर उक्त घोल से लिखकर सुखा लें। इसे गरम करने पर हरे रंग के अक्षर दिखाई देने लगते हैं।

(2) काले अक्षर : (i) प्याज या लहसुन के रस से लिखे कागज पर गरम इस्तिरी फेरने से या पिसे हुए कोयले को रगड़ने से अक्षर काले दिखाई देंगे। (ii) दूध या फल के रस से लिखकर गरम करने पर काले अक्षर दिखाई देंगे।

(3) पीले अक्षर : कैडमियम क्लोराइड के बहुत हलके घोल से लिखने के उपरांत गरम करते ही वे अक्षर पीले रंग में दिखाई देने लगेंगे।

(4) नीले अक्षर : कोबाल्ट क्लोराइड या कोबाल्ट नाइट्रेट के तनु घोल से सफेद कागज पर लिखें, तदुपरांत यदि कागज को गरम करें तो लिखा हुआ नीले रंग में दिखाई देने लगेगा। परंतु कागज ठंडा होने पर पुन: अदृश्य हो जाएगा। यह इसलिए होता है कि गरम करने पर कोबाल्ट क्लोराइड एक नीले रंग के यौगिक में बदल जाता है और उसमें उपस्थित पानी के अणु निकल जाते हैं तथा पुन: ठंडा होने पर हवा में उपस्थित नमी को सोखकर गुलाबी रंग में बदल जाने से लिखे हुए अक्षर अदृश्य हो जाते हैं।

(5) अदृश्य सहानुभूति स्याही : इस तरह लिखने के लिए तनु सिल्वर नाइट्रेट से सफेद पेपर पर लिखकर गुप्त संदेश भेज सकते हैं। परंतु सावधानीपूर्वक काले कागज में लपेटकर रखिए। यह गोपनीय रहस्य चार से छ: माह तक सुरक्षित रह सकता है; पर यदि भूल से भी सूर्य की रोशनी दिखाई गई तो आधा घंटे में ही लिखा हुआ मजमून पढ़ा जा सकता है।

(ख) अदृश्य दस्तावेजों पर रसायन लेपन द्वारा अक्षर प्रकट होना

(1) नीले अक्षर : चावल के माँड़ (Starch) के तनु घोल से सफेद कागज पर लिखने से अक्षर अदृश्य रहेंगे; परंतु जैसे ही इसपर टिंक्चर

आयोडीन या आयोडीन के पानी का लेप करेंगे वैसे ही नीले रंग के अक्षर दिखाई देंगे। यहाँ स्टार्च आयोडीन के साथ मिलकर एक कांप्लेक्स बनाता है; जो नीले बैंगनी रंग का होता है।

(2) गहरे नीले अक्षर : फेरस सल्फेट (हरा कसीस) के तनु घोल (100 भाग पानी में 4 भाग हरा कसीस) से लिखा हुआ संदेश अदृश्य रहता है। परंतु जब इसे पढ़ना हो, उस समय दस्तावेज पर पोटैशियम फेरोसाइनाइड के हलके घोल का लेप करने से अक्षर गहरे नीले रंग के दिखाई देने लगते हैं।

(3) हरे अक्षर : पोटैशियम डायक्रोमेट या लेड एसीटेट के काफी हलके घोल से लिखे अक्षर अदृश्य रहेंगे; परंतु जब इन्हें पढ़ना हो तो तनु गंधक के तेजाब का लेप करें। हरे रंग में लिखी इबारत साफ दिखाई देने लगेगी। उक्त अदृश्य दस्तावेज को सल्फर डाइऑक्साइड गैस के संपर्क में लाने पर भी हरे रंग के अक्षरों में पढ़ा जा सकता है।

(4) काले अक्षर : काले रंग के अक्षर लिखने के लिए पायरोगैलाल या टैनिक एसिड में किसी एक के पानी में तनु घोल (Dilute Solution अर्थात् 100 भाग जल में 1 भाग पदार्थ घोल) बनाकर लिखें। फिर पढ़ने के लिए हरा कसीस (फेरस सल्फेट) का लेप करें। काले अक्षर में दस्तावेज दिखाई देने लगेगा।

(5) बैंगनी अक्षर : सोडियम नाइट्रोप्रोसाइड के घोल में कास्टिक सोडा (कपड़े धोनेवाला सोडा) की दो-तीन बूँदें मिलाकर लिखने से अक्षर बैंगनी रंग में दिखाई देंगे।

(6) काले अक्षर : हर्र या माजूफल के चूर्ण को पानी में अच्छी तरह भिगो दें। इसके हलके घोल द्वारा लिखने पर अक्षर काले दिखाई देते हैं।

(ग) पानी से भिगोकर अदृश्य अक्षरों को पढ़ना

काले अक्षर : साबुन के घोल से कागज पर लिख लें। ये अक्षर सूखने पर अदृश्य होते हैं। अब इसे पढ़ते समय पानी से कागज को हलका भिगो दीजिए। काले अक्षर स्पष्ट दिखाई देने लगेंगे और आप गुप्त संदेश का रहस्य जानने में सफल हो जाएँगे।

(घ) जादू की लिखावट

अदृश्य अक्षर : नींबू का रस काँच के प्याले में निचोड़ लें। अब इस रस से सफेद कागज पर कलम से कुछ लिखना चाहें, लिख लें। सूखने पर यह लिखावट दिखाई नहीं देगी। पर जब इसे मोमबत्ती या अँगीठी पर गरम करेंगे तो लिखावट दिखाई देने लगेगी। दूध या प्याज के रस से लिखने पर भी ऐसा ही होगा।

इस तरह आपने देखा कि तरह-तरह के रसायनों की मदद से गुप्त दस्तावेज तैयार किए जाते थे तथा मित्रों, संबंधियों और शत्रुओं को अपने मनसूबों से अवगत कराया जाता था।

भविष्यवक्ता स्याही

रमेश पढ़ाई में बहुत प्रवीण था। वह प्रयोगशाला में रसायनों की मदद से अकसर नए-नए खेल ईजाद कर अपने दोस्तों में अपनी पैठ भी बनाता

रहता था। एक दिन उसने अपने दोस्तों से कहा—'मुझे एक साधु मिला था। उनसे बहुत मिन्नतें कर तुम सभी लोगों का भविष्य बनवाकर लाया हूँ; जो मैंने छिपाकर रखा हुआ है।' इतना सुन सभी दोस्त अपना-अपना भविष्य जानने के लिए एक स्वर में जिद करने लगे। रमेश ने अपनी जेब में से चार-पाँच पेपर निकाले और कहा—'देखो, इनमें तुम लोगों का भविष्य लिखा हुआ है।'

पर यह तो अदृश्य है।' सभी पुनः कहने लगे। रमेश पुनः बोला कि 'मैं अभी तुम लोगों के सामने ही पढ़कर बताऊँगा; पर मुझे थोड़ा-सा समय दे दो।' दोस्तों ने कहा—'ठीक है।' रमेश ने अपने बैग में से दो शीशियाँ निकालीं एवं टेबल में थोड़े पानी से भरे ट्रफ में खाली कर दीं और लकड़ी से हिला दिया। तत्पश्चात् भविष्य लिखे कागजों को इस पानी में डुबो दिया। पानी से गीले होते ही कागज पर लिखी बातें स्पष्ट हो आईं। सभी बच्चे अपने-अपने नाम के परचे निकालकर भविष्य पढ़ने लगे। किसी बच्चे के नाम में लिखा था कि मेहनत से पढ़ाई करो, सफलता तुम्हारे कदम चूमेगी तो किसीके नाम लिखा था—अपने बड़ों का आदर करो, तो किसीमें लिखा था कि अपने दोस्त पर भरोसा रखो, वह अवश्य मदद करेगा, आदि-आदि। सभी दोस्त अपने नाम के आगे लिखे भविष्यफल को पढ़कर आश्चर्यचकित हो गए।

यह सब कैसे संभव हुआ, आप जानना चाहते हैं? तो बच्चो, यहाँ पर रमेश अपने दोस्तों के मन की बात जानता था, इसीलिए उसने उक्त भविष्यफल की बातों को पेपर पर लेड एसीटेट के घोल से लिखी थीं, जो सूखने पर अदृश्य हो गई थीं। पानी में उसने तनु सल्फ्यूरिक अम्ल तथा फेरस सल्फाइड का घोल मिलाया था, जिससे हाइड्रोजन सल्फाइड (H_2S) गैस का निर्माण हुआ। अतः पानी से भीगते ही लेड एसीटेट हाइड्रोजन सल्फाइड से क्रिया कर लेड सल्फाइड में बदल गया, जो कि काले रंग के अक्षरों में दिखाई दे रहे थे। इस तरह रमेश ने अपने दोस्तों का मनोरंजन किया। आप भी उक्त रसायनों की मदद से भविष्यवक्ता स्याही बनाकर जादू दिखा सकते हैं।

जादू से दूध उबालना

एक दिन एक बाजीगर सड़क के किनारे खेल दिखाकर लोगों का मनोरंजन कर रहा था। सब लोग बड़े दत्तचित्त होकर खेल देख रहे थे कि तभी जादूगर ने कहा, 'आओ, मैं अब तुम्हें बिना आग के दूध उबालकर दिखाता हूँ।' उसने लोगों के सामने कच्चे दूध से भरा हुआ लोटा रखा तथा

मन-ही-मन कुछ बोलता हुआ एक सजी हुई रंग-बिरंगी जादुई छड़ी लोटे के चारों ओर घुमाने लगा। फिर एक दिशा की ओर इशारा कर जोर से चिल्लाया, 'जल्दी आ बिजली, दूध उबाल'।

सभी का ध्यान एक क्षण के लिए बाजीगर द्वारा बताई दिशा की ओर गया। बिजली आती हुई तो किसीको दिखाई नहीं दी, परंतु कुछ ही क्षणों में दूध उबलने लगा था। सभी लोग आश्चर्यचकित होकर तालियाँ बजाने लगे।

इस भीड़ में एक बच्चा दसवीं कक्षा का विद्यार्थी था, जो इस तरह की कुछ रासायनिक क्रियाओं के बारे में जानता था। वह उस बाजीगर से बहस करने लगा कि लाओ, मुझे लोटा दो, मैं पीकर देखता हूँ कि दूध कैसे गरम हुआ है। वह विद्यार्थी जब तक उस लोटे को लेता, उतनी देर में बाजीगर ने लोटे को कपड़े से पकड़ा तथा पास ही रखी पानी से भरी बालटी में उड़ेल दिया और फिर नाटकीय अंदाज में बोला कि जिस उस्ताद से मैंने यह जादू सीखा था उसका कहना है कि इस विधि से गरम किया हुआ दूध किसी काम में नहीं लिया जाता है और उसे जल देवता को ही भेंट कर दिया जाता है। चूँकि यहाँ नदी या तालाब नहीं है, इसलिए मैंने इसे पानी से भरी बालटी में उड़ेल दिया।

इसके पीछे क्या वैज्ञानिक विवेचन छिपा है—आओ, मैं उसे समझाती हूँ। रासायनिक क्रियाएँ कई प्रकार की होती हैं। इनमें से कुछ में ऊष्मा (ताप)

उत्पन्न होती है। ऊष्मा उत्पन्न करनेवाली रासायनिक क्रियाएँ ऊष्माक्षेपी क्रियाएँ कहलाती हैं। कुछ क्रियाएँ ऊष्माशोषी होती हैं, जिसके कारण वस्तुएँ ठंडी हो जाती हैं। चूने (कलई) के पानी से संयोग ऊष्माक्षेपी क्रिया हैं। पुताई करते समय चूने को भिगोने पर भाप को निकलते आपने देखा होगा।

उक्त क्रिया में बाजीगर ने अन्य लोगों का ध्यान दूसरी ओर आकर्षित कर दूध में चूने की डलियाँ डाल दी थीं। दूध में उपस्थित पानी से चूने की क्रिया होने से ऊष्मा निकलती है और इसी कारण दूध गरम होकर उबलने लगता है। चूना मिला दूध पीने के लिए उपयोग में नहीं लिया जा सकता। इसी कारण उसने उसे तालाब के पानी में उड़ेल देनेवाली जल देवता की कथा जोड़ दी।

भभूत में मिठास

कई ढोंगी साधु-महात्मा आशीर्वाद देते हुए यह कहते हैं कि लो बच्चा! भभूत ले लो, तुम्हारी मनोकामना पूर्ण होगी। आप भोलेभाले बच्चे उस भभूत को श्रद्धापूर्वक लेकर अपने मस्तक व गले पर लगाकर कुछ खा भी लेते हैं। जीभ पर रखते ही भभूत में मिठास का अनुभव कर आप बड़े मग्न हो जाते हैं तथा प्रभु की अद्‌भुत महिमा में खो जाते हैं एवं सोचने लगते हैं कि ये साधु-महात्मा बहुत पहुँचे हुए संत हैं और उसकी चिकनी-चुपड़ी बातों में आकर खूब आवभगत कर, दान-दक्षिणा देकर मालामाल कर देते हैं। वह

साधु वहाँ से माल लेकर चल देता है, अन्यत्र माल बटोरने के लिए।

इस मिठास के पीछे जो सत्य छिपा हुआ है वह यह है कि इस भभूत में एक रासायनिक पदार्थ मिला होता है। इसे सैकरिन (Saccharin) कहते हैं। यह सैकरिन साधारण शक्कर (चीनी) से भी हजार गुना ज्यादा मीठी होती है। इस 'सैकरिन' का उपयोग आजकल मधुमेह रोग से पीड़ित व्यक्ति 'चीनी' की जगह करते हैं।

रंग बदलनेवाली घड़ी

आपने घड़ीवाले की दुकान पर कई सुंदर-सुंदर, रंग-बिरंगी दीवार घड़ियाँ सजी हुई देखी होंगी। किसी घड़ी में चिड़िया बनी होगी तो किसीमें रंग-बिरंगे बल्ब लगे होंगे; कई आवाज करती घड़ियाँ भी होंगी। ये सभी बैटरियों से संचालित होती हैं। पर यहाँ मैं एक ऐसी सुंदर-सी घड़ी बनाना सिखाती हूँ, जो घड़ी-घड़ी में अपने रंग बदलती हुई दिखाई देगी; जिसे आप अपनी घड़ी के मिनटों के साथ देख सकते हैं।

इसके लिए आपको कुछ रसायनों की आवश्यकता होगी, जिन्हें आप किसी रसायन प्रयोगशाला से प्राप्त कर सकते हैं। ये निम्नलिखित हैं—

(i) सेरिक अमोनियम नाइट्रेट (0.001-0.01),

(ii) मेलोनिक एसिड (0.0125-0.5M),

(iii) सल्फ्युरिक एसिड (0.5-2.5),

(iv) फेरस साल्ट्स (0.006),

(v) पोटैशियम ब्रोमेट (0.03-0.0625)।

उपर्युक्त रसायनों का कोष्ठक में दी हुई मात्रा को लेकर घोल बना लीजिए। अब सभी का बराबर-बराबर मात्रा में घोल लेकर आयताकार काँच के बरतन में भर दीजिए तथा उसे लगातार हिलाते रहें। इस आयताकार बरतन को यदि सफेद आधार पर रखेंगे तो बदलते रंग ज्यादा साफ दिखाई देंगे। पाँच-दस मिनट के बाद रंगों का मायाजाल दिखना शुरू हो जाएगा। रंगों का खेल प्रयोग में लाए हुए रसायनों की मात्रा पर निर्भर करता है। जैसे

सीरियम +2 और सीरियम +4 के कारण रंगहीन एवं पीला रंग दिखाई देगा। फेरस साल्ट्स के कारण लाल एवं नीला रंग दिखाई देगा। सीरियम की उचित मात्रा के प्रयोग से पीला रंग नीले एवं बैंगनी तथा लाल एवं हरे रंग के बीच रंग बदलता रहेगा।

अब यदि इस रासायनिक क्रिया को बिना छेड़े रखा रहने दें तो आप और अच्छी तरह से रंगों का बदलना, तरंगों का घेरे में बाहर ऊपर की ओर से बनना, फिर घोल के अंदर जाते हुए देख सकते हैं। इसे आप बीच-बीच में रसायन मिलाकर काफी समय तक देख सकते हैं। इस रोमांचक दृश्य की विलक्षण अनुभूति और विश्वसनीय मनोहारी रंगों के मायाजाल को आप देखकर ही सराह सकते हैं।

भभूत देनेवाली मूर्ति

आपने अकसर सुना या पढ़ा होगा कि फलाँ-फलाँ मंदिर में भगवान् की मूर्ति बोलती है, हनुमानजी की मूर्ति रो रही है और रोते-रोते उनकी मूर्ति से आँसू के रूप में सिंदूर बहने लगा है। इसी तरह भभूत देनेवाली मूर्ति के बारे में भी सुना होगा। परंतु ऐसा कुछ भी नहीं होता। सिर्फ जनता को धर्मांध बनाकर दान-दक्षिणा बटोरी जाती है।

आप एलुमीनियम धातु से बनी मूर्ति को फ्रेम सहित ले लीजिए। फ्रेम के ऊपर मरक्यरिक क्लोराइड रसायन का पाउडर लगा दीजिए। जब तक

एलुमीनियम मरक्युरिक क्लोराइड के संपर्क में रहेगा तब तक भभूत के रूप में फ्रेम से पाउडर झड़ता रहेगा। अत: सावधान! सोच-समझकर ही ठग साधु-संतों की बातें मानिए। ऐसी भभूत को भूलकर भी न चखें।

सिक्के से भभूत बनाना

मेले-ठेले में साधु-संत भभूत दें तो कभी न खाएँ। वह भी भभूत देनेवाली मूर्ति के सिद्धांत पर तैयार की जा सकती है। इसके लिए पहले अपने हाथ में मरक्युरिक क्लोराइड का रसायन लगा लें, फिर अपने हाथ में सिक्का

लें। हाथ की गरमी की उपस्थिति में सिक्का (एलुमीनियम का बना होने के कारण) एवं मरक्युरिक क्लोराइड दोनों में रासायनिक क्रिया होती है और सिक्का भभूत के रूप में परिवर्तित हो जाता है। यह तीखा जहर होता है। इसे खाकर आप बेहोश हो जाएँगे और वह ठग आपकी वस्तुएँ लेकर नौ दो ग्यारह हो जाएगा।

नारियल में फूल

जादूगर, बाजीगर, साधु, ठग आदि अकसर अपनी ठगी का करिश्मा दिखाते ही रहते हैं और जनता का मनोरंजन करने के साथ-साथ लूटपाट के किस्से अकसर पढ़ने-सुनने को मिल ही जाते हैं। ऐसा ही एक जादू निम्न है,

जिसके पीछे कुछ नहीं, सिर्फ हाथ की सफाई एवं रासायनिक क्रिया छिपी हुई है।

साबुत नारियल में तीन आँखें होती हैं, आप सभी ने इसे देखा होगा। बस, इन्हीं तीन आँखों में से एक आँख को सावधानीपूर्वक छेद करके खोल लेते हैं और इसमें जुही, चमेली या बेला के फूल की कुछ कलियाँ प्रयोग दिखाने से आठ-दस घंटे पूर्व डाल दी जाती हैं और छेद को पुनः बंद कर देते हैं। कुछ नारियल की जटाओं में सूखे सोडियम धातु को भी छोटे-छोटे टुकड़ों में कर छिपा देते हैं। फिर जादू दिखाने के लिए नारियल में से फूल निकलने की भविष्यवाणी की जाती है। वे कहते हैं कि यदि देवी या भगवान्

प्रसन्न नहीं होगा तो नारियल जल जाएगा, अन्यथा फूल मिलेंगे। कुछ भक्तों को वे नारियल तोड़कर, फूल निकालकर देते हैं तथा उनसे प्रशंसा प्राप्त करते हैं, तो कुछ को देवी का आह्वान करते हुए दूसरे नारियल में छिपे सोडियम पर पानी छिड़क देते हैं। बस, पानी पड़ते ही नारियल आग पकड़ लेता है और भक्तजन समझते हैं कि सचमुच में भगवान् या देवी माँ अप्रसन्न हैं और घबराहट में अनिष्ट से बचने के लिए उसके बताए अनुसार अनुष्ठान एवं पूजा-अर्चना आदि करने लगते हैं।

परंतु सच तो यह है कि यहाँ नारियल में छिपा हुआ सोडियम पानी पड़ते ही जलने लगता है। इसीलिए सोडियम धातु को पानी से दूर केरोसिन

(मिट्टी के तेल) में सुरक्षित रखते हैं। पहलेवाले जादू में छिपी कलियाँ समय पाकर फूल का रूप ले लेती हैं। अत: इन सभी जादुओं के पीछे उपर्युक्त भौतिक, रासायनिक क्रियाएँ होती हैं।

बोतल में बादल बनाइए

'गिली-गिली अप्पा' करते ही जादूगर सम्राट् आनंद ने अचानक हॉल में बादल बनाकर सभी दर्शकों को आश्चर्य में डाल दिया। आप भी ऐसा कर अपने मित्रों को दिखाकर प्रशंसा के रूप में तालियों की गड़गड़ाहट सुन सकते हैं। तो लीजिए, बादल बनाने की तरकीब—

विधि 1—इसके लिए एक बड़ी बोतल लीजिए तथा इसमें एक छेदवाला रबड़ का ढक्कन लगा दीजिए। उस छेद में लगभग 12 से.मी. लंबी काँच की नली लगाइए। अब बोतल में लगभग 3 से.मी. की ऊँचाई तक पानी भरें। पानी में स्पिरिट की चार-पाँच बूँदें मिला दीजिए। बोतल की भीतरी हवा में चुटकी-भर खड़िया की धूल भी मिला दीजिए। अब काँच की नली को हवा भरने के पंप से जोड़ दीजिए। बोतल के ढक्कन को कसकर दबाए रखिए और किसी दूसरे व्यक्ति से कहिए कि वह पंप की मदद से बोतल में हवा भरना आरंभ करे। जब बोतल में खूब हवा भर जाए तो हाथ को ढक्कन से हटा दीजिए। हाथ हटते ही ढक्कन हवा में उड़ जाएगा और वातावरण में बादल दिखाई देने लगेंगे।

इसका कारण यह है कि बोतल के अंदर वायु का दाब अधिक हो गया था, जो ढक्कन के हटते ही गैस में परिक्षेपित द्रव के कारण बाहरी वातावरण में बादलों का रूप ले लेता है।

विधि 2—काँच की एक बोतल लें तथा उसमें अमोनिया गैस भर ढक्कन लगाकर रख लें। अब जब भी प्रयोग दिखाना हो, आप हाइड्रोक्लोरिक अम्ल से भीगी काँच की छड़ को इस अमोनिया से भरी बोतल के मुँह के निकट धीरे-धीरे लाएँगे तो सफेद धुआँ रूपी बादल दिखाई देगा। यहाँ अमोनिया हाइड्रोक्लोरिक एसिड से क्रिया कर अमोनियम क्लोराइड बनाती है, जो बादलों के रूप में दिखाई देती है।

होली का उड़ता रंग

पाठको! होली का माहौल ही कुछ निराला, रंग-रँगीला, मस्ती-भरा होता है और ऐसे मस्ती-भरे माहौल में बच्चे शरारत न करें तो होली का मजा ही नहीं आएगा। ऐसा ही एक शरारत-भरा अंदाज यहाँ होली के उड़ते रंग में देखिए और अपने दोस्त पर प्रयोग कर डालिए।

आप अपने दोस्त के साफ-सफेद कपड़ों पर सुबह-सुबह ही पानी में घुला रंग डालकर लड़ाई का माहौल तैयार कर सकते हैं और जैसे ही वह गुस्सा होगा, उसका चेहरा गुस्से से और लाल-गुलाबी होता जाएगा तथा कपड़ों का रंग भी गुलाबी हो जाएगा। इस बीच वह अपनी मम्मी या पापा को आवाज देगा। शिकायत करनेवाला ही होगा कि देखता है, कपड़ों पर रंग बिलकुल है ही नहीं। आप हँसने लगेंगे और पानी में भीगा खड़ा मित्र अपना सिर पीटता—'बुरा न मानो होली है' का अर्थ लगाता हुआ सकते में खड़ा रह जाएगा।

यहाँ पानी में घुली अमोनिया और फिनाफ्थेलीन रसायन का कमाल है। मिश्रित द्रव के छिड़कने के उपरांत लाल रंग अमोनिया के शनैः-शनैः उड़ने पर गुलाबी और फिर रंगहीन हो जाता है।

श्मशान, अग्नि और प्रेत-नृत्य

श्मशान घाट में प्रायः स्वतः ही अग्नि का जल जाना, विचित्र एवं

जलती हुई आकृतियों का आभास होना तथा प्रेत-लीला का भ्रम होना सत्य घटना-सी प्रतीत होती है।

इस रहस्य व रोमांच के पीछे श्मशान घाट में उपस्थित अस्थि एवं अस्थि-पंजर हैं, जिनमें उपस्थित फास्फोरस अनुकूल परिस्थितियों में स्वत: जलकर उपर्युक्त भ्रमजाल पैदा करता है। इसी फास्फोरस का प्रयोग माचिस की तीलियाँ बनाने में होता है; जिसके रगड़ते ही आग जल जाती है।

समुद्री आग

समुद्र के ऊपर भी जलती हुई आग प्राय: देखने को मिलती है; जिसे अनजान लोग दैवीय आपत्ति या जादू-टोना अथवा पैशाचिक कार्य समझते

हैं। दरअसल डूबे हुए जलपोतों या जहाजों के तेल रिसाव में जमा हुए पेट्रोलियम रसायन जब आग पकड़ लेते हैं तो यह तब तक जलते रहते हैं जब तक कि इनका जमाव बना रहता है। यही समुद्री आग का रहस्य है।

द्रव क्रिस्टलों के खिलौने

आजकल केलकुलेटर से लेकर आई.एस.डी., पी.सी.ओ., घड़ी, साइन बोर्ड आदि तथा आधुनिक मशीनों में चमकते हुए अक्षर, नंबर, चित्र आदि दिखाई पड़ते हैं। यह सब द्रव क्रिस्टल (Liquid crystals) की करामात है।

ये सभी द्रव क्रिस्टल कार्बनिक रसायन यौगिक हैं, जिनमें प्रमुखत: कोलेस्ट्रिक, नीमेटिक, एजिओट्रोपिक (Azeotropic) आदि के मिश्रण हैं। इनकी पतली परत अंकों, अक्षरों एवं चित्रों पर लगा दी जाती है। विद्युत् एवं ताप प्रवाहित होने पर ये अक्षर चमकते दिखाई देते हैं। द्रव क्रिस्टल का लेप शरीर के अंगों पर लगाकर असमान ताप के प्रभाव द्वारा कैंसर, फोड़ा, सैप्टिक या घाव आदि की जाँच भी सहजता से की जाती है। यह इन रसायनों का एक विचित्र गुण है। इन कोलेस्ट्रिक एस्टरों में कोलेस्ट्रिक क्लोराइड, कोलेस्ट्रिक बेंजोएट, कोलेस्ट्रिक एसीटेट, कोलेस्ट्रिक ओलिएट, कोलेस्ट्रिक नानानोएट आदि रसायनों के विभिन्न मिश्रणों का प्रयोग किया जाता है।

पानी में आग लगाना

यह जादू अत्यंत प्राचीन एवं प्रचलित है। इसमें काँच की एक कटोरी में पानी लेकर सोडियम धातु के टुकड़े डाले जाते हैं तो वह जल में जलते हुए नाचने लगते हैं। जलने से हाइड्रोजन गैस निकलती है और यदि इसके पास जलती हुई तीली लाई जाए तो यह हाइड्रोजन गैस तीव्र गति से जलती है, और यदि नियंत्रित अवस्था में इसे जलाया जाए तो हलका-सा विस्फोट भी होता है।

यहाँ सोडियम धातु पानी से संयोग कर सोडियम हाइड्रोऑक्साइड बनाती है तथा हाइड्रोजन मुक्त अवस्था में निकलती है, जो ज्वलनशील होने

के कारण जलती है। इसमें विस्फोट की भी संभावना बनी रहती है। अतः प्रयोग सावधानीपूर्वक ही करें।

स्व-प्रज्वलित दीप

अनुसंधानों से पता चला है कि संगीत में बड़ी ताकत होती है। संगीत के प्रभाव से गाय ज्यादा दूध देने लगती है। पेड़-पौधों में भी वृद्धि की रफ्तार दुगुनी पाई गई है। ऐसी ही एक खोज हमारे महान् संगीतज्ञ तानसेन ने अपने संगीत ज्ञान से की थी। वे जब भी दीपक राग गाया करते थे, उनके आसपास के दीपक खुद-ब-खुद जल उठते थे। परंतु यहाँ मैं आपको एक ऐसी विधि बता रही हूँ, जिसके प्रयोग से आप ऐसे ही दीपक बनाएँ, जो स्वयं बिना दीपक राग के ही जगमगा उठेंगे और उसे देखकर आपके मित्रगण हैरान हो जाएँगे।

विधि—इसके लिए आप किसी भी आकार का एक दीपक ले लीजिए, चाहे वह मिट्टी का हो अथवा धातु का। अब इसमें एक ग्लिसरीन से भीगी हुई रुई की बत्ती जमा दें। सावधानी व चतुराई से पोटैशियम परमैगनेट (कुएँ

में डालनेवाली लाल दवा, जिससे पानी के कीटाणु मारकर पानी को निर्जर्मीकृत किया जाता है) के तीन-चार छोटे-छोटे मणिभ (Crystal) इस प्रकार से छोड़िए कि बत्ती पर लगी ग्लिसरीन के संपर्क में आ जाएँ। जैसे ही कोई कण

(मणिभ) ग्लिसरीन के संपर्क में आएगा, आग जल उठेगी और इससे दीपक भी जल उठेगा। जल गया न खुद-ब-खुद दीपक।

यहाँ ग्लिसरीन के पोटैशियम परमैगनेट के संपर्क में आते ही एक ऐसी ऊष्माक्षेपी (Exothermic) रासायनिक क्रिया होती है, जिसमें काफी गरमी उत्पन्न होती है और इसी गरमी के कारण बत्ती स्वयं जलने लगती है। इस रासायनिक क्रिया का वर्णन रसायनशास्त्र की पुस्तकों में भी मिल जाएगा।

आतिशबाजी

दीपावली का त्योहार हो, रावण-दहन हो या नववर्ष के आगमन की खुशियाँ; बिना धूम-धड़ाके के इन सब खुशियों का इजहार न हो तो मजा ही क्या! चारों तरफ पटाखों की आवाज गूँजती-सी अच्छी लगती है इन त्योहारों पर। लेकिन आपने कभी सोचा है कि ये आतिशबाजियाँ क्या हैं? कैसे बनाई जाती हैं? क्यों इतने चमकीले रंगों से युक्त अंगारे-सी बरसाती हैं? जी हाँ, ये सभी विभिन्न प्रकार के पटाखे और चमकीले रंगों से सराबोर प्रदर्शनों के पीछे

रासायनिक क्रियाएँ ही हैं। आग जलाकर मनोरंजन करनेवाले इन सब उपक्रमों में मुख्यतया ब्लैक पाउडर या गन पाउडर का योगदान है। यह काला बारूद विशेषकर तीन चीजों से मिलाकर बनाया जाता है—

(i) ऑक्सीजन प्रदान करनेवाला शोरा (पोटैशियम नाइट्रेट KNO_3)—75%।

(ii) निम्न तापक्रम पर ज्वलनशील बनानेवाला गंधक (सल्फर S)—10%।

(iii) ऊर्जा प्रदान करनेवाला चारकोल (कार्बन C)—15%।

टोपीवाले कारतूस में शोरा और गंधक के साथ कोयला, ग्रेफाइट या सूखा गोबर आदि लिये जाते हैं। विभिन्न प्रकार के रंग प्रदान करने के लिए धातुओं के लवण भी प्रयोग में लिये जाते हैं। विशेषकर एलुमीनियम, पोटैशियम क्लोराइड और मैग्नीशियम धातु के चूरे चमकदार दूधिया रंग प्रदान करते हैं तथा अन्य सुंदर रंग प्रदान करनेवाली धातुओं के लवणों का प्रयोग ब्लैक पाउडर के साथ किया जाता है, जिन्हें निम्न सारणी में दर्शाया गया है।

सारणी—रंग प्रदान करनेवाली धातुओं के लवण एवं रंग।

धातु	रंग
स्ट्रांशियम (Sr^{++})	सिंदूरी
ताँबा (Cu^{++})	नीला
सोडियम (Na^{+})	पीला
कैल्शियम (Ca^{++})	ईंट जैसा रंग
बेरियम (Ba^{++})	हरा
मैग्नीशियम (Mg^{++})	सफेद दूधिया रंग
पोटैशियम (K^{++})	सफेद चमकीली रोशनी
एंटिमनी (Sb^{++})	सफेद चमकीला रंग

1. बम

बम बनाने के लिए बेरियम नाइट्रेट तथा गंधक के चूरे का प्रयोग किया जाता है; परंतु इसमें गंधक की मात्रा अधिक होती है।

2. पटाखा

पटाखा बनाने के लिए बारूद के अलावा गंधक का पाउडर, बेरियम नाइट्रेट तथा लोहे का बुरादा आदि काम में लिया जाता है। धमाका करनेवाले पटाखों में बुनियादी चीजें तो यही रहती हैं, पर अनुपात भिन्न-भिन्न होता है।

3. फुलझड़ी

छोटे बच्चों को फुलझड़ी जलाना बहुत अच्छा लगता है; फिर इनसे

जलने का डर भी कम होता है। इन्हें बनाने के लिए शोरा, लोहे का चूर्ण, एलुमीनियम एवं मैग्नीशियम धातु का पाउडर, चारकोल आदि प्रयोग में लाते हैं; तत्पश्चात् इनमें चावल का माँड़ (Starch), गोंद, लेई मिलाकर लुगदी-सी बना लेते हैं तथा ताँबे या लोहे के तार पर पतला-पतला लपेट देते हैं और सुखा लेते हैं। इनमें ज्यादा चमकीला प्रकाश प्राप्त करने के लिए मैग्नीशियम धातु तथा विभिन्न रंगों के लिए धातु लवणों का भी प्रयोग किया जाता है।

4. अनार

तारों जैसी बरसती रोशनी सभी का मन बरबस आकर्षित कर लेती है। इसको बनाने के लिए लोहे का बुरादा, एलुमीनियम एवं मैग्नीशियम धातु के पाउडर का प्रयोग किया जाता है; जिनके फलस्वरूप ही तारों जैसी बरसात होती है। अनार में धमाका करनेवाले रसायन बेरियम नाइट्रेट व गंधक नहीं मिलाते, परंतु शोरे की मात्रा अधिक होती है; ताकि खूब चिनगारी निकले।

5. साँप

माचिस की जलती हुई तीली छूते ही काले रंग का लहराता साँप बन जाता है। इसका जन्म जर्मनी में हुआ था। इसको बनाने के लिए मुख्यतया नेफ्था-पिच, अलसी का तेल, पिकरिक एसिड तथा फ्यूमिंग नाइट्रिक एसिड प्रयोग में लाते हैं।

जुगनू लालटेन

आपने जुगनू तो देखे ही होंगे, जो वर्षा के मौसम में अपनी इच्छानुसार प्रकाश बिखेरते रहते हैं। अफ्रीका के कुछ देशों तथा ग्रामीण प्रदेशों में तो सैकड़ों जुगनुओं को लालटेन के अंदर बंद कर इतना प्रकाश एकत्रित कर लिया जाता है कि आराम से पढ़ाई की जा सकती है। आश्चर्य तो इस बात का है कि मेढक भी इन्हें खा लें तो वे भी जुगनुओं की तरह प्रदीप्तमान् हो जाते हैं।

दरअसल, इन जुगनुओं के शरीर में 'ल्यूसीफेरीन' नामक रसायन

होता है, जिसको जुगनू आवश्यकतानुसार अपनी मांसपेशियों को क्रियान्वित करके उनमें ऑक्सीजन की पूर्ति नियंत्रित करके चमकाते रहते हैं। इसी प्रकार समुद्री मछलियों में भी यही 'ल्यूसीफेरीन' एवं 'ल्यूमीनाल' नामक रसायन होते हैं, जो ऑक्सीजन की उपस्थिति में प्रकाश उत्पन्न करते हैं।

रासायनिक प्रकाश की छड़ें

केमोल्यूमीनीसेंस रसायन विज्ञान की वह शाखा है, जिसके अंतर्गत विभिन्न रसायनों को मिला देने से प्रकाश उत्पन्न होता है। इनमें एक रसायन ऑक्सीजन प्रदान करता है तो दूसरा रंग (फ्लोरोसेंस), तीसरा उत्प्रेरक तथा चौथा निश्चित पी.एच. (PH) प्रदान करता है। रंग रसायनों में प्रायः एंथ्राक्वीनोन यौगिक होते हैं जो नीला, हरा, लाल, नारंगी आदि विभिन्न रंग पैदा करते हैं। हाइड्रोजन पैरॉक्साइड, सोडियम सेलिसिलेट, ऑक्सीलायल (Oxylyl) आदि काम में प्रयुक्त किए जाते हैं। प्लास्टिक की नली में फ्लोरोसिल एवं एस्टर को भर देते हैं, जिसके अंदर काँच की पतली छोटी नली (Tube) में हाइड्रोजन पैरॉक्साइड और सोडियम एसीटेट भरा रहता है। प्लास्टिक की नली को हलका-सा मोड़ने पर अंदर काँच की ट्यूब टूट जाती है, जिसके फलस्वरूप चारों रसायन आपस में मिल जाते हैं और तेज रोशनी प्रकट होती है। यह रोशनी रसायनों की मात्रानुसार घंटों प्रकाश बिखेरती रहती है। इन रसायनों से अनेक केमिकल ट्यूबें बनाई गई हैं, जो अमेरिका जैसे विकसित देशों में संदेश (Signal) देने तथा बिजली चले जाने के उपरांत काम में लाई जाती हैं।

जादुई धूम्र दीवार

अलादीन ने चिराग रगड़ा और देखते-ही-देखते धुएँ का भूत सामने खड़ा होकर बोलने लगा कि क्या हुक्म है, मेरे आका! या फौज के जवानों ने लगातार गोले दागे हों और दुश्मन के सामने एक मोटी धुएँ की दीवार खड़ी हो गई हो, जिसके दूसरी तरफ कुछ भी दिखाई नहीं देता है और चकमा देकर सैनिक छिप जाते हैं, या जादूगर इस जादू को दिखाते-दिखाते गायब हो जाता

है और जादुई धूम्र दीवार का निर्माण कर देता है तथा दर्शकों के पीछे खड़ा मिलता है।

यह कमाल होता है फास्फोरस के हवा में जलने से; जिसके फलस्वरूप फास्फोरस ट्राइऑक्साइड और फास्फोरस पेंटाऑक्साइड बनते हैं। ये रसायन नमी से क्रिया कर फास्फोरिक एसिड के सफेद धुएँ का निर्माण करते हैं। यही जादुई धूम्र दीवार है। सेना इसे स्मोक-बम के रूप में प्रयोग करती है।

आकाशीय अग्नि सिगनल

प्राय: खोए हुए सैनिकों या दूरस्थ लोगों को गुप्त संदेश देने के लिए हवाई पिस्तौल का प्रयोग किया जाता है, जिससे छूटी हुई गोली सुदूर आकाश में फटकर कोई भी प्रयुक्त रंग का प्रकाश फैलाती है। विभिन्न रंग उत्पन्न करने के लिए विभिन्न रंग प्रदान करनेवाली धातुओं को प्रयोग में लाते हैं। सफेद रंग के लिए एलुमीनियम, मैग्नीशियम एवं एंटिमनी धातु; सिंदूरी लाल रंग के लिए कैल्शियम, स्ट्रांशियम; नीले रंग के लिए कॉपर; पीले रंग के लिए सोडियम, कैडमियम; हरे रंग के लिए बेरियम धातु के लवणों का प्रयोग कर गुप्त संदेश दिए जाते हैं, जिसके अंदर आक्रमण करना, छिपे रहना, पीछे हट जाना या वापस आना या विभिन्न दिशाओं की ओर मुड़ जाना आदि संकेत छिपे रहते हैं।

सूचकों का रंगीन जादू

रसायन प्रयोगशाला में सूचकों (Indicators) का बहुतायत से मिश्रित धातुओं एवं अधातुओं के जलीय घोल में उपस्थिति ज्ञात करने के लिए परिमापन (Titration) में प्रयुक्त किए जाते हैं। ये सूचक अम्लीय, क्षारीय एवं उदासीन विलयनों में भिन्न-भिन्न रंग दर्शाते हैं; परंतु सभी विलयन विशेष पी.एच. मान (PH Scale) पर रंग परिवर्तित करते हैं। इन सूचकों के रंग परिवर्तन को अग्रयुक्त सारणी में संकलित किया गया है।

सूचकों में विशेष पी.एच. मान पर रंग परिवर्तन

सूचक	*रंग परिवर्तन*	*PH मान*
फिनाफ्थेलीन	रंगहीन — गुलाबी	8.0 — 10.0
थॉयमाल ब्लू	पीला — नीला	8.0 — 10.0
क्रिसाल रेंड	पीला — लाल	7.2 — 8.0
थॉयमाल थैलीन	रंगहीन — नीला	9.4 — 10.6
नाइट्रामीन	रंगहीन — पीला भूरा	11.0 — 13.6
ब्रोमोफीनालब्लू	पीला — बैंगनी	2.3 — 4.6
न्यूट्रल रेड	लाल — पीला	6.8 — 8.0
2-4 डाइनाइट्रोफीलान	रंगहीन — पीला	2.4 — 4.0
मिथाइल यलो	लाल — पीला	2.9 — 4.0
ब्रोमोक्रीसाल पर्पिल	पीला — बैंगनी	5.2 — 6.8
ब्रोमोक्रीसाल ग्रीन	पीला — नीला	3.6 — 5.2
अर्थो फीनोनथ्रोलीन	लाल — नीला	4.0 — 5.5
मिथाइल रेड	लाल — पीला	3.1 — 4.4
मिथाइल आरेंज	लाल — पीला	2.8 — 4.4
लिटमस	लाल — नीला	4.5 — 8.3

इनके अलावा कुछ मिश्रित सूचक भी होते हैं जो विभिन्न पी.एच. मान पर निम्नलिखित रंग परिवर्तित करते हैं—

1. थॉयमाल ब्लू + क्रिसाल रेड + पानी → गुलाबी—नीला—बैंगनी
   6 भाग + 1 भाग 10 मि.लि. → 8.2—8.3 —8.4

इस मिश्रित सूचक का प्रयोग कार्बोनेट के बाईकार्बोनेट की अवस्था तथा अनुमापन में प्रयोग किया जाता है।

2. न्यूट्रल रेड + मिथाइलीन ब्लू + अल्कोहल → बैंगनी नीला—हरा
   1 भाग + 1 भाग 0.1 प्रतिशत → 5.8 — 7.8
   (अम्लीय अवस्था)

यह दुर्बल (Weak) अम्ल एसिटिक एसिड एवं अमोनिया विलयन के दुर्बल क्षार के सत्य अनुमापन के समय प्रयोग किया जाता है।

इन सूचकों की मदद से रंग परिवर्तनों को जादूगर अकसर अनेक खेलों में प्रदर्शित करते हैं।

रंगों की अदला-बदली

1. नीले से हरा, हरे से भूरा तथा भूरे से लाल रंग में बदलना

फारमेल्डीहाइड, जो कीटों और पौधों आदि को सुरक्षित (Preserve) करने के लिए प्रयोगशाला में प्रयोग होता है, का घोल लें तथा इसमें दो बूँदें फिनाइल हाइड्रोजोइन, एक बूँद नाइट्रोप्रोसाइड एवं कुछ बूँदें क्षार (NaOH) की डालें। सर्वप्रथम उक्त घोल गहरे नीले रंग में, फिर हरे, भूरे और अंत में लाल रंग में बदल जाएगा।

2. दूधिया सफेद रंग से ईंट जैसा रंग तथा पुनः सफेद रंग में बदलना

सर्वप्रथम प्रयोग दिखाने से पूर्व सिल्वर नाइट्रेट का तनु घोल बनाकर रंगीन (कत्थई) बोतल में रख लें तथा पोटैशियम क्रोमेट (रंजक) का एक प्रतिशत घोल बनाएँ और कुछ कागजों की पट्टियाँ बनाकर इसमें भिगोकर, सुखाकर रख लें।

अब आप खानेवाले नमक का घोल बनाएँ और उसमें सूखे पोटैशियम क्रोमेट के कागज का छोटा-सा टुकड़ा भी डाल दें। अब इस घोल में धीरे-धीरे सिल्वर नाइट्रेट का घोल डालें। आप देखेंगे कि घोल सफेद दूधिया तलछट के साथ दिखाई देगा तथा एक समय आएगा कि घोल सफेद से लाल रंग के तलछट में बदल जाएगा, जो पुनः नमक के घोल को मिलाने से गायब हो जाएगा और पुनः सिल्वर नाइट्रेट का घोल मिलाने से उक्त रंग आ जाएगा और पुनः नमक का घोल मिलाने से गायब हो जाएगा। आप इस प्रक्रिया को लगातार दिखा सकते हैं।

यहाँ नमक के साथ सिल्वर नाइट्रेट मिलकर सिल्वर क्लोराइड की सफेद तलछट देता है तथा सफेद तलछट का लाल रंग के तलछट में बदल जाना सिल्वर क्रोमेट के लाल रंग के कारण होता है।

3. रंगहीन को लाल रंग में बदलना

यहाँ फार्मिक एसिड का घोल लें तथा उसमें फेरिक क्लोराइड का घोल

मिलाएँ तो आपको लाल रंग का घोल दिखाई देगा।

4. गुलाबी से रंगहीन तथा रंगहीन से पुनः गुलाबी रंग में बदलना

फिनाफ्थेलीन एवं बोरेक्स का पानी में एक प्रतिशत घोल बनाएँ—गुलाबी रंग का घोल बनेगा; पर अब यदि इसमें ग्लिसरीन के पानी में बने तनु घोल को मिलाएँ तो गुलाबी रंग लुप्त हो ज़ाएगा, जो पुनः गरम करने पर दिखाई देने लगेगा।

अलग-अलग रखने एवं मिश्रित करने पर भी पाउडर, परंतु पानी के संपर्क में आते ही ठोस पदार्थ का बनना

आप यह जादू दिखाकर अपने दोस्तों को आश्चर्य में डाल सकते हैं। तूतिया (Blue Vitriol) और सोडियम कार्बोनेट का पाउडर यदि सूखी अवस्था में मिलाकर रखें तो आप पाएँगे कि कुछ भी परिवर्तन नहीं होगा—पाउडर रूप में ही रहेगा; परंतु जैसे ही इनके पानी में अलग-अलग बने घोल को आपस में मिलाते हैं तो शीघ्र ही ठोस पदार्थ बन जाएगा। है न मजे की बात!

इसी प्रकार यदि सोडियम सिलीकोट को मिट्टी में बगैर पानी के मिलाने से मिट्टी ठोस हो जाती है तथा उसपर जीप, वन टन, थ्री टन सेना की गाड़ियों को भी चलाएँ तो वह टूटेगी नहीं।

इसी तरह 'प्लास्टर ऑफ पेरिस' को यदि पानी में मिलाकर लुगदी बनाएँ तो वह भी थोड़ी देर में इतना सख्त हो जाता है कि उसे काटने के लिए लकड़ी काटनेवाली 'आरी' की जरूरत पड़ती है। यह अस्पताल में टूटे अंगों को ज़ोड़ने के लिए ऊपर से प्लास्टर करने में काम में लाया जाता है। इस प्लास्टर ऑफ पेरिस के खिलौने भी सड़कों के किनारे बिकते हुए मिलते हैं।

सीमेंट व खड्डी आदि भी इसी श्रेणी में आते हैं, जो पानी के संपर्क में आते ही सख्त हो जाते हैं तथा पुनः प्रयोग नहीं किए जा सकते।

कागज को बिना आग के जलाना

आग पैदा करने के लिए दियासलाई, गैस, कागज, लकड़ी, केरोसिन, पेट्रोल आदि की आवश्यकता होती है; परंतु आप बिना किसी उपर्युक्त वर्णित

माध्यम के आग जलाकर, दोस्तों को प्रयोग दिखाकर बधाई के पात्र बन सकते हैं। इसके लिए सिर्फ तारपीन के तेल में डूबा हुआ फिल्टर पेपर लीजिए और उसपर क्लोरीन गैस भरी टेस्टट्यूब खोल दीजिए। देखते-ही-देखते आग जल उठेगी।

क्लोरीन गैस का कमाल

अरे, यह क्या! नीला पेपर लाल तथा लाल पेपर नीला कैसे हो गया? जी, बस हाथ की सफाई का कमाल है। हुआ यूँ कि लाल लिटमस पर थोड़ी-सी क्लोरीन गैस दिखाते ही नीले से लाल तथा लाल से नीला रंग परिवर्तित हो जाता है। इस गैस के नजदीक यदि रंगीन फूल लाएँ तो वह भी रंगहीन हो जाता है। यह क्लोरीन के ऑक्सीकृत करने के स्वभाव के कारण होता है। इस गैस को चूने में मिलाने से ब्लीचिंग पाउडर तैयार होता है; जिसका प्रयोग पानी को निर्जर्मीकृत करने में होता है।

रंग-रँगीला स्तंभ

आपने जलपोतों को मार्गदर्शन देने हेतु समुद्र किनारे स्थित प्रकाश स्तंभों के बारे में सुना होगा। मैं यहाँ आपको जल के माध्यम से रंग-रँगीला आकर्षक स्तंभ बनाने का नुस्खा दे रही हूँ। इसको बनाने के लिए एक तश्तरी में थोड़ा-सा सादा पानी भर दीजिए। अब ब्लैक बोर्ड पर लिखनेवाला सफेद

साबुत चॉक लीजिए और उसके चौड़े सिरे पर भिन्न-भिन्न रंगों की रिंग बना दीजिए या रंगों के घोल में मोटे हिस्से का थोड़ा-सा भाग डुबोकर निकाल लीजिए। रंग लगे इस चॉक को पहले से तैयार पानी भरी तश्तरी के मध्य में

खड़ा कर दीजिए। चॉक में जैसे-जैसे पानी ऊपर चढ़ेगा वैसे-वैसे विभिन्न रंग अलग-अलग होते जाएँगे।

यह जादू रसायनशास्त्र में बहुतायत से काम में आनेवाली क्रोमेटोग्राफी के सिद्धांत पर आधारित है।

रंग विश्लेषण

यदि कुछ रंगों को आपस में घोलकर आपको दे दिए जाएँ और पूछा जाए कि इसमें कुल कितने रंग मिले हैं, तो क्या आप बता सकते हैं? आप सिर को हिलाकर कहेंगे—नहीं, और सोच में पड़ जाएँगे। पर आप घबराइए नहीं, मैं रंगों को अलग-अलग करने का बहुत ही आसान और मजेदार खेल बताती हूँ। इसे 'क्रोमेटोग्राफी' कहते हैं। इस खेल में काँच के ब्यूरेट में सिलिका जैल या ल्युमिना का पाउडर भर सकते हैं, या फिर ब्यूरेट की जगह स्याही सोख्ता (फिल्टर पेपर नं.1) को पट्टी बनाकर प्रयोग में ला सकते हैं। सर्वप्रथम ब्यूरेट में सांद्र रंगों के जलीय मिश्रण 50-100 मि.ली. को धीरे-धीरे भरते जाएँगे, तत्पश्चात् शुद्ध जल को धीरे-धीरे तब तक डालेंगे जब तक

कि ब्यूरेट की निचली नली से बाहर निकलना शुरू न हो जाए। आप देखेंगे कि सभी रंग अलग-अलग पट्टियों में विभाजित होकर स्पष्ट दिखाई देने लगे हैं, जिन्हें गिनकर रंगों की स्पष्ट संख्या बता सकते हैं। इसी प्रकार फिल्टर पेपर की पट्टी में एक सिरे से लगभग दो इंच ऊपर रंगों के मिश्रण को बूँद-बूँद डालकर सुखा दें और पट्टी के सिरे को पानी के गिलास या जार में इस प्रकार डुबोएँ कि रंगवाली गोलाकार आकृति जल की सतह से ऊपर रहे। फिल्टर पेपर का दूसरा सिरा लकड़ी पर लपेटे हुए एक क्लिप द्वारा इस प्रकार पानी के गिलास या जार पर रखें कि वह फिल्टर पेपर गिलास की सतह को न छुए। जैसे-जैसे पानी फिल्टर पेपर के ऊपर चढ़ता जाएगा वैसे-वैसे रंग अलग-अलग होना शुरू हो जाएँगे। यदि रंग एक लंबी गहरी पट्टी के रूप में फिल्टर पेपर के सिरे पर शोषित किए जाएँगे तो बहुरंगी इंद्रधनुष-सी मनोहर आकृति दिखाई देगी।

यह रंगों का वर्गीकरण कॉलम एवं पेपर क्रोमेटोग्राफी के अवशोषण सिद्धांत पर आधारित है।

आग उगलनेवाला शेर

देश के अनेक क्षेत्रों में नवरात्र के अवसर पर कई बाजीगर अपने शरीर पर पीला पेंट पोतकर और उसके ऊपर शेर जैसी काली धारियाँ-सी बनाकर, लंबी पूँछ और मुखौटा लगाकर देवी की पूजा-आराधना करते

दिखाई देते हैं। उनके एक हाथ में जलता हुआ खप्पर या मशाल होती है तथा दूसरे हाथ में रंगीन काँच की बोतल में एक पारदर्शी द्रव होता है। इस बोतल से इस द्रव को मुँह में भरकर जब मशाल या खप्पर पर पिचकारी-सी मारते हैं तो ऐसा प्रतीत होता है मानो मुँह से ही आग उगल रहे हैं। वस्तुतः यह मुँह में भरा हुआ ज्वलनशील द्रव केरोसिन होता है, जो आग के संपर्क में आने पर तेजी से जलने लगता है।

एल्फ्रेड नोबेल की सूझबूझ

डायनामाइट की खोज एल्फ्रेड नोबेल ने की थी, जिनके नाम से नोबेल पुरस्कार दिया जाता है। यह नाइट्रोसेलुलोज एवं नाइट्रोग्लिसरीन नामक रसायनों का मिश्रण होता है। नाइट्रोसेलुलोज का दूसरा नाम 'गन कॉटन' भी है। इसे नाइट्रोग्लिसरीन के तरल पदार्थ में सोखकर रखा जाता है। इसमें ब्लैक पाउडर का लंबा पलीता लगाकर दूर से आग लगा दी जाती है। तुमने देखा व सुना होगा कि बड़ी-से-बड़ी चट्टानें इससे तोड़ दी जाती हैं।

यदि यह अद्भुत रासायनिक पदार्थ न होता तो हमारे अनेक निर्माण-कार्यों पर प्रश्नचिह्न लग जाता। न तो हम खदानों से खनिज निकाल पाते, न चट्टानों को भूमि से हटा पाते और न ही विशाल पुलों, बाँधों, सड़कों, रेलवे लाइनों आदि के विशाल निर्माण-कार्यों को इतनी सहजता से कर पाते।

हँसानेवाला जादू

अब तक पढ़ते-पढ़ते आप ऊब गए होंगे। जादूगर भी जब देखता है कि दर्शकगण थक गए हैं, उबासी-पर-उबासी लेने लगे हैं तो कोई बौना जोकर आकर, ऊटपटाँग करतब दिखाकर हँसाता है या हँसानेवाली गैस के गुब्बारे छोड़ दिए जाते हैं, जो धीरे-धीरे इस गैस का रिसाव करके पूरे हॉल को हँसने पर मजबूर कर देते हैं। फलस्वरूप पूरा हॉल हँसी के ठहाकों से गूँज उठता है।

क्या आप जानना चाहते हैं कि हँसी पैदा करने का रहस्य क्या है? इस

हँसानेवाली गैस को 'नाइट्रस ऑक्साइड' NO_2 कहते हैं। इसका प्रयोग रोगियों को अवचेतन करने के लिए किया जाता है। जब कोई व्यक्ति अधिक मात्रा में सूँघता है तो वह उत्तेजित हो जोर-जोर से हँसने लग जाता है। इसलिए इसे 'लाफिंग गैस' भी कहते हैं। इसका असर जल्दी होता है तथा खत्म भी जल्दी ही होता है।

रुलानेवाला जादू

जहाँ अत्यधिक हँसी होती है वहाँ हँसते-हँसते आँसू भी आ जाते हैं। यह तो स्वाभाविक क्रिया है, परंतु यहाँ एक ऐसी ही गैस के बारे में बताया जा रहा है। जब बच्चे, छात्र या उपद्रवी भीड़ बेकाबू हो जाती है तो पुलिस प्रशासन के पास यह अश्रुगैस होती है, जो रासायनिक अस्त्र का काम करती है। पुलिस अश्रुगैस के गोले छोड़कर भीड़ को चार-चार आँसू टपकाने के लिए विवश कर देती है तब तुम भी भीड़ के साथ भागने के लिए मजबूर हो जाते हो।

यह अश्रुगैस एक हैलोजमीकृत कार्बनिक पदार्थ है, जो क्लोरो एसिटोफिनान (CAP) के नाम से जानी जाती है; जिससे आँखों में जलन होने लगती है। फलस्वरूप आँखों से आँसू बहने लगते हैं और थोड़ी देर के लिए कुछ दिखाई नहीं देता। इसका प्रयोग युद्ध के दौरान भी किया जाता है।

छींक रसायन

पाठको! गँवई-गाँव में प्रचलित नुस्खों में से एक ऐसा नुस्खा मैं आपको बताने जा रही हूँ, जो एक वैद्य ने मुझे बताया और कहा था कि किसीको न बताना यह रहस्य। पर मेरा मन नहीं मान रहा और सोचती हूँ कि बता ही दूँ। तो आइए, आप भी इस नुस्खे को जान ही लीजिए। पर हाँ, एक शर्त—इसका दुरुपयोग कर किसीको सताना नहीं। यह नुस्खा है छींक रसायन का। जब कभी कोई सर्दी-जुकाम से पीड़ित व्यक्ति आता था तो वह वैद्य महाराज मंत्र पढ़ते हुए एक हाथ की मुट्ठी में तथा दूसरे हाथ की तर्जनी से कसकर पकड़ रखते थे और मुट्ठी के अंदर-ही-अंदर दूसरे हाथ की

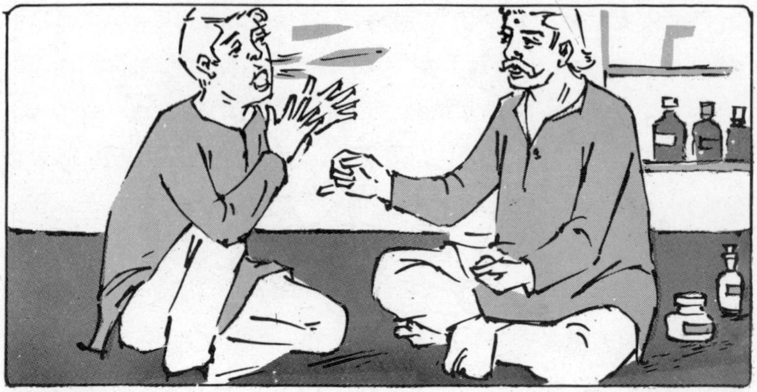

उँगली को घुमाकर रगड़ते थे तथा घिसे हुए द्रव को पीड़ित व्यक्ति को जैसे ही सुँघाते थे वैसे ही छींकों का वह सिलसिला शुरू हो जाता था कि जुकाम से बंद नाक खुल जाती थी। यदि हलका सिरदर्द होता था तो वह भी छूमंतर हो जाता था।

इन छींकों के रसायन का फार्मूला था—नौसादर और बुझे चूने का मिश्रण। जिसे थोड़े से जल के साथ लेकर मुट्ठी के अंदर रगड़ने से अमोनिया गैस उत्पन्न होती थी और जिसे सूँघते ही छींकों का सिलसिला शुरू हो जाता था।

खत की जालसाजी

रियासतों, राजा-महाराजाओं, जागीरदारों और नवाबों की राजनीति के बीच होनेवाले पत्राचारों में जालसाजी अत्यंत प्रचलित रही है। प्राय: जासूस और दीवान हरकारों से मिलकर इन दस्तावेजों में रद्दोबदल करते थे। आप भी केमिस्ट की दुकानों पर मिलनेवाले एक पारदर्शी तरल पदार्थ के प्रयोग से अपने पत्रों में रद्दोबदल कर सकते हैं या अशुद्धि को मिटाकर पुन: लेख को शुद्ध कर सकते हैं। इन कार्यों में काम आनेवाले इस तरल पदार्थ को एक जली हुई माचिस की तीली या किसी पतली लकड़ी में डुबोकर अक्षरों के ऊपर फेरकर उन्हें अदृश्य कर दिया जाता है और उस स्थान पर दूसरे अनुकूल शब्द लिख दिए जाते हैं। अक्षरों को अदृश्य करनेवाला यह पारदर्शी द्रव

हाइपोक्लोरस एसिड का जलीय घोल है, जिसे जल में क्लोरीन या ब्लीचिंग पाउडर घोलकर प्राप्त किया जाता है।

आप भी होली, जन्मदिनों और अन्य त्योहारों पर अपने मित्रों के साथ पत्रों की यह जालसाजी करके आनंद लूट सकते हैं।

ॐ इंद्राय नमः, ॐ वरुणाय नमः

वर्षाकाल में गाँवों में मटमैला पानी पोखरों, गड्ढों, नदियों आदि में प्रायः पाया जाता है। मुझे अपने बचपन की गाँव की वह रोचक घटना याद आ रही है, जिसमें एक तांत्रिक ने 'ॐ इंद्राय नमः, ॐ वरुणाय नमः' कहते हुए एक बालटी में भरे हुए मटमैले पानी को सफेद भभूत डालकर पूर्ण

पारदर्शी व शुद्ध कर दिया था। आज जब मैं विचार करती हूँ तो रसायनशास्त्र के इस प्रयोग से जलदाय विभाग एवं घरों में फिटकरी डालकर जल का शुद्धिकरण करते हैं; ताकि हम इस जल का प्रयोग कर जलजन्य रोगों; जैसे—हैजा, टाइफाइड, दस्त आदि रोगों से ग्रसित न हों।

वस्तुतः तांत्रिक व जलदाय अभियांत्रिकी विभाग गंदे पानी में फिटकरी [Alum] $(K_2SO_4, Al_2SO_4)_3\ 24H_2O]$ की निश्चित मात्रा मिलाते हैं। फिटकरी जल में जलीयकृत होकर एलुमीनियम हाइड्रोऑक्साइड का एक, रुई की तरह का, बहुत बड़ा तलछट बनाती है, जो तली में शनैः-शनैः जमते हुए सारी गंदगी को अपने साथ समेट लेती है और हमें निथारा हुआ शुद्ध पारदर्शी जल प्राप्त होता है।

आत्मा के आह्वान का प्रपंच

ठगों की दुनिया में न तो कोई नियम होते हैं और न ही कोई ईमानदारी। उन्हें तो बस, लोगों को बेवकूफ बनाकर पैसे ऐंठना होता है। मैं आपको ऐसे ही कुछ मोहक रसायनों के विषय में बताना चाहती हूँ। तांत्रिक भगवा कपड़े पहने हुए अपनी मीठी बातों से सम्मोहित करता है। पाप-पुण्य की बातें करते हुए देवता या राक्षसों की आत्माओं का आह्वान करता है और कर्मों से उनको जोड़ते हुए कहता है कि पुण्यात्मा होंगे तो देवताओं के आगमन की सूचक होगी नंदनवन में व्याप्त सुगंध और यदि आसुरी पापात्मा होंगे तो बदबू पूरे

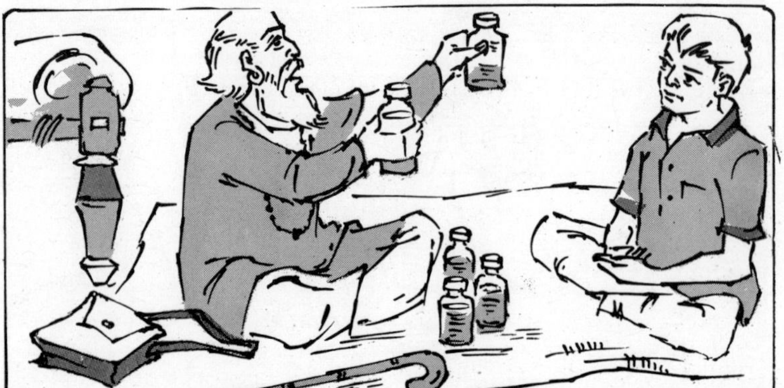

वातावरण में फैल जाएगी।

इन तांत्रिक क्रियाओं के अंतर्गत वह चार-पाँच बोतलों में विभिन्न नदियों के जलों का होना बताता है, जबकि वस्तुतः उनमें ईथाइल अल्कोहल, सोडियम एसीटेट, गंधक का अम्ल, ईथाइल अमीन और क्लोरोफार्म जैसे पारदर्शी द्रव होते हैं। जब फलों-फूलों की मोहक सुगंध लानी होती है तो वह ईथाइल अल्कोहल, सोडियम एसीटेट और गंधक के अम्ल को एक खाली बोतल में यह कहते हुए मिलाता है कि विभिन्न नदियों के पवित्र जल से आचमन करते हुए वह आत्माओं का आह्वान कर रहा है। बोतल को हिलाकर रासायनिक क्रिया को गतिशील करता है और निर्मित ईथाइल एस्टर का यह रासायनिक जलीय घोल छिड़कते ही वातावरण में मीठी-मीठी सुगंधित फल-फूलों की खुशबू फैल जाती है, जिसे वह पुण्यात्मा का प्रवेश बताता है।

इसी प्रकार जब आसुरी शक्ति की उपस्थिति दर्शाना चाहता है तो ईथाइल अमीन, क्लोरोफॉर्म और पोटैशियम हाइड्रोऑक्साइड के विलयनों को एक बोतल में मिलाकर कार्बाइल अमीन रासायनिक क्रिया द्वारा ईथाइल आइसोसाइनेट की तीव्र बदबूदार दुर्गंध उत्पन्न करता है तथा इसे दुरात्माओं का वातावरण में प्रवेश बताता है।

सिरदर्द एवं जुकाम का छूमंतर इलाज

मदारी एक टेस्टट्यूब या काँच की छोटी बोतल में कुछ तरल पदार्थों की बूँदें बड़ी चतुराई से लेकर जोर से हिलाता है और सिरदर्द व सर्दी-जुकाम से बंद नाक से पीड़ित व्यक्ति को सुँघाता है। साथ में बाबा गोरखनाथ की जय बोलते हुए मरीज को स्वस्थ करने की कामना करता जाता है। कुछ क्षणों में ही सिरदर्द व जुकाम ठीक हो जाता है। वास्तव में यह बाबा गोरखनाथ का कमाल न होकर 'मिथाइल सेलिसिलेट' नामक दर्दनिवारक रसायन का कमाल है; जिसे मदारी मिथाइल अल्कोहल, सोडियम सेलिसिलेट और गंधक अम्ल की कुछ बूँदें टेस्टट्यूब में डालकर बनाता है। यह मिथाइल सेलिसिलेट एक कारगर दर्दनिवारक है, जो कि अमृतांजन, विक्स आदि

मलहमों में मिलाया जाता है।

कीटदंश से मुक्ति

प्रायः मधुमक्खी, काले चींटे के काटने से तीव्र पीड़ा होती है तथा एक छोटा फफोला-सा बन जाता है। काला चींटा तो जब मांस में अपने तीखे डंक चुभो देता है तो उसे निकालना बड़ा कठिन हो जाता है, यहाँ तक कि उसके शरीर के टुकड़े-टुकड़े हो जाते हैं। पर छोटा बच्चा चीख-चीखकर पूरे घर को सिर पर उठा लेता है। उस समय दादी माँ, वैद्य या ओझा खानेवाले सोडे ($NaH\,CO_3$) को पानी में भिगोकर पीड़ित स्थान पर मलते हैं, जिससे कीड़े द्वारा काटे हुए स्थान पर छोड़े गए प्रायः आर्गेनिक एसिड का यह हलका क्षार फार्मिक एसिड के प्रभाव को कम कर देता है।

दीमकों का रासायनिक युद्ध

दीमकें कोई गोला-बारूद या विस्फोटकों का प्रयोग नहीं करतीं, परंतु रासायनिक युद्ध द्वारा अपने शत्रु पर विजय प्राप्त करती हैं। इस रासायनिक युद्ध में वे तीन प्रमुख रणनीतियों का प्रयोग करती हैं। प्रथम के अंतर्गत दीमकें काटने के साथ ही घाव में एक तैलीय या विषाक्त पदार्थ भर देती हैं, जो कि टरपींस के अंतर्गत आता है। आक्रामक चींटी के घाव से इस विषैले रसायन के कारण निरंतर रक्त बहता रहता है और यह रसायन खून के जमने में बाधक होने के कारण आक्रामक चींटी की मृत्यु हो जाती है। दूसरे प्रकार के रासायनिक युद्ध के अंतर्गत दीमकें थपथपाकर, टकराकर या स्पर्श कर अपने कूँची रूपी लंबे होंठों से विष छिड़क देती हैं। तीसरे प्रकार के रासायनिक युद्ध में तेज धार से विष और अधिक तरल चिपचिपे पदार्थों का छिड़काव करती हैं, जिनमें आक्रमणकारी फँस जाते हैं। बहुत से स्राव त्वचा पर घाव, खुजलाहट और जलन पैदा कर आक्रमणकारी को खदेड़ देते हैं। इन विषैले रसायनों में अत्यंत जटिल 22 से 36 कार्बन परमाणु की संरचनावाले टरपीन यौगिक, क्वीनोन, लेक्टोन, कीटो एल्डीहाइड, विनाइल कीटोन और नाइट्रो-एमींस आदि रसायन सम्मिलित हैं, जिन्हें दीमकें

स्रावित करती हैं।

इन विषैले रसायनों के अतिरिक्त दीमकें एक विशेष प्रकार का रसायन छोड़ती जाती हैं, जो कई वर्षों बाद भी आनेवाली दीमकें इन रसायनयुक्त मार्गों के सहारे अपने आवास तक आसानी से पहुँच जाती हैं और नया संसार बसाने में जुट जाती हैं।

चींटी दल संचालन

आपने चींटियों को भोजन की खोज में आते-जाते लंबी कतारों में देखा होगा। सैनिक दलों की भाँति ये विशिष्ट मार्ग से ही भोजन लाती हैं तथा एक स्थान से दूसरे स्थान पर स्थानांतरित भी करती हैं। इस संपूर्ण सुगठित दल संचालन के परोक्ष में एक मोहक रसायन (फेरोमोंस) छिपा हुआ है, जिसे चींटियाँ निर्दिष्ट मार्ग पर छोड़ती जाती हैं और पीछे आनेवाली अन्य चींटियाँ उस निर्दिष्ट रासायनिक मार्ग का ही अनुसरण करती हैं।

अग्निमुखी योगी

देवी उपासकों के पूजा विधान में मैंने कानपुर के अग्निहोत्री संप्रदाय के एक विचित्र योगी को देखा, जो देवी की पूजा-आराधना करते समय बार-बार अपने मुँह को खोलता तो उसकी जीभ से आग की तेज लौ प्रज्वलित होती दिखाई देती। मैं इस अग्निमुखी योगी को देखकर अचंभित हुए बगैर नहीं रह

सकी। अनेक मनुहार के उपरांत उन्होंने मुझे इस रहस्य से परिचित कराया।

उन्होंने मेरे समक्ष जीभ के अग्र भाग पर कपूर की एक बड़ी-सी टिकिया रखी और उसे अग्नि से प्रज्वलित किया। चूँकि कपूर जलते समय द्रव अवस्था में परिवर्तित न होकर सीधे जलकर कार्बन डाइऑक्साइड और जल में परिवर्तित हो जाता है, अतः जीभ के जलने का खतरा नहीं रहता। बार-बार मुँह बंद करने से, ऑक्सीजन न मिलने से लौ धीमी हो जाती थी और पुनः मुँह खोलकर जीभ बाहर निकालने से तेज हो जाती थी।

अजगर वशीकरण रसायन

आपने यह कहावत सुनी होगी—'अजगर करे न चाकरी पंछी करे न काम, दास मलूका कह गए सबके दाता राम'। आलसी, निष्क्रिय और विशाल अजगर भोजन करने के बाद कई महीनों तक अपने स्थान से हिलता तक नहीं। परंतु मैं आपको एक ऐसा घरेलू रसायन बताती हूँ, जिसके द्वारा आप अजगर को भी कुंभकर्णी निद्रा से उठने पर विवश ही नहीं कर सकते हैं, बल्कि अन्य सर्पों को अपने घर या जंगल में टेंट के अंदर प्रवेश करने से दूर रख सकते हैं।

यह रसायन प्याज व लहसुन में छिपा हुआ है। लहसुन और प्याज को पीसकर, उसकी लुगदी बनाकर एक छड़ी के अग्रभाग पर बाँध दें और उसे अजगर के मुँह (नाक) के निकट ले जाएँ। इसमें व्याप्त रसायन एलिल

सल्फाइड की तीखी गंध से अजगर विचलित होकर रेंगना शुरू कर देता है। इसी प्रकार घरों के दरवाजों और कैंप करते समय टेंट के चारों ओर इस रसायन सामग्री को बिखराकर साँपों के प्रवेश से मुक्ति पाई जा सकती है। अनेक वैज्ञानिक जब सर्वेक्षण कार्य पर जाते हैं तो प्याज-लहसुन की जगह फीनोल (Phenol) के जलीय घोल को आवास के चारों ओर छिड़ककर जहरीले कीड़े-मकोड़ों के प्रवेश से अपना बचाव कर सकते हैं।

मच्छर भगाओ रसायन

मच्छरों के आतंक से तहलका-सा मचा हुआ है। इससे डरकर भगवान् विष्णु क्षीर सागर में शेषनाग की शय्या पर लेटे हुए हैं तो शिवजी कैलास की बर्फीली चोटी पर समाधि लगाए बैठे हैं और ब्रह्माजी कमल के पुष्प में छिपे हुए बैठे हैं। पर हम जाएँ तो जाएँ कहाँ?

कहीं जाने की जरूरत नहीं है। आप रसायनशास्त्र की शरण में आएँ। इसके अंतर्गत ऑडोमास, कछुआ छाप अगरबत्ती आदि के विषय में तो आपने सुना ही होगा, जिनमें व्याप्त तीव्र रसायन की गंध मच्छरों को दूर भगा देती है। पर मैं आपको इससे भी अधिक दो अन्य मोहक सुगंधवाले रसायनों के विषय में जानकारी देना चाहती हूँ।

सेनाएँ इनमें से एक रसायन को पाँच दशकों से तेल के रूप में प्रयोग करती आ रही हैं। यह तेल डी.एम.पी. के नाम से जाना जाता है, जिसमें मुख्यतया डाइमिथाइल थैलेट होता है। इसकी मोहक सुगंध एस्टर होने के कारण आपको व हमें लुभाती है, परंतु मच्छरों को दूर भगा देती है। रक्षा अनुसंधान और विकास संगठन के वैज्ञानिकों ने हाल ही में इससे भी अधिक एक और कारगर रसायन की खोज की है, जिसकी डैपा (DEEPA) के नाम से बाजारों में एक क्रीम भी बिकने लगी है। इस क्रीम में मुख्यतया डाइमिथाइल थैलिक एसिड रसायन रहता है।

वन्य-जीवों की रसायन भाषा

जंगल में भोजन-शृंखला के अंतर्गत बड़ा जीव छोटे जीव को आहार

बना लेता है। अतः जीवों को अपनी सुरक्षा और विशेष जाति वर्ग से संपर्क स्थापित करने के लिए अपनी बोली या विशिष्ट रसायनों की भाषा का सहारा लेना पड़ता है। क्योंकि बोली द्वारा उनके स्वयं शिकार होने का भय रहता है, अतः वन्य-जीवों की मादाएँ जगह-जगह पेशाब करती हुई अपनी उपस्थिति का आभास कराती हैं। पेशाब में उपस्थित विशेष रसायन को सूँघते हुए नर वन्य-जीव मादा वन्य-जीव तक पहुँच जाता है। है न कितनी मजेदार बात! इसी प्रकार कई कीट-पतंगे इन रसायनों का छिड़काव कर अन्य पतंगों को आकर्षित करते हैं या दुश्मनों से अपनी रक्षा करते हैं। इन रसायनों को फेरामोंस (Phaeramones) के नाम से जाना जाता है।

आग बुझाओ रसायन

अकसर आपने सड़क पर लगातार घंटी बजाते हुए आग बुझानेवाली गाड़ी को जाते देखा होगा। उसे सबसे पहले जाने देने के लिए सड़क पर चलनेवाले लोग, सवारी गाड़ी, बसें, ट्रक एक तरफ हट जाते हैं। यह गाड़ी शीघ्रातिशीघ्र उस स्थान पर पहुँचने की कोशिश करती है जहाँ आग लगी है। उस स्थान पर पहुँचते ही यह बड़े-बड़े हौज पाइपों से एक प्रकार का रसायन छिड़कती है। यदि आग थोड़ी लगी हो तो दस-पंद्रह मिनट तथा अधिक लगी हो तो कुछ अधिक समय आग बुझाने में लग सकता है। पर कभी आपने सोचा कि इस द्रव के छिड़कने से आग शांत कैसे हो जाती है!

यहाँ कार्बन डाइऑक्साइड गैस का प्रमुख प्रभाव होता है। इसे बनाने के लिए उस स्थान विशेष पर सोडियम कार्बोनेट या कैल्शियम कार्बोनेट की गंधक के अम्ल से क्रिया कराते हैं। इससे कार्बन डाइऑक्साइड निकलने लगती है और यह कार्बन डाइऑक्साइड गैस आग पर प्रभाव डालती है। यह ऑक्सीजन की सप्लाई को रोकती है और इस तरह आग बुझ जाती है।

स्टार्च रसायन का कमाल

दीपावली पर पटाखे छोड़ने का सभी को शौक होता है। घर के बड़े-बूढ़े सभी बच्चों को पटाखे सावधानी से चलाने को कहते हैं। पर कितनी भी

सावधानी बरती जाए, कभी-न-कभी हाथ-पैर जल ही जाते हैं। ऐसी ही एक घटना मेरी सहेली के बच्चे के साथ घट गई। हुआ यूँ कि बच्चा छोटे-छोटे बम फोड़ रहा था, परंतु किसी कारणवश वे पटाखे नहीं फूटे। बच्चे ने सोचा कि ये बुझ गए होंगे, अतः इन्हें पुनः जलाकर फोड़ा जाए। वह सभी पटाखे दोनों हाथों में भरकर ले आया। पर अचानक हाथ में वे सभी पटाखे फट्-फट् फूटने लगे। बच्चा घबरा गया और उसके हाथ बुरी तरह जल गए। उस समय उसकी पड़ोस की दादी भी वहीं थीं। वे झट से उठकर चौके में गईं और कुछ आलू पीसकर ले आईं तथा उसे बच्चे की दोनों हथेलियों के बीच में रख पकड़कर बैठ गईं। बच्चा दर्द व जलन से कराह रहा था; पर दादी माँ बीच-बीच में उसे सांत्वना भी देती जा रही थीं। पाँच-दस मिनट में वह बच्चा हँसता हुआ पुनः बाहर जाने के लिए कहने लगा। यह आलू में प्राप्य स्टार्च का कमाल है, जिसने जली हुई चमड़ी पर एक सतह बना दी; जिससे जलन मिटती है और साथ ही छाले (फफोले) भी नहीं पड़ते। अतः जब भी कहीं कोई जरा भी जल जाए, फौरन स्टार्च लगा दें। छाले व जलन से फौरन मुक्ति मिल जाएगी।

ढूँढ़ते रह जाओगे

प्रायः बच्चों के होमवर्क करते समय पेन की स्याही निकलकर कपड़ों पर फैल जाती है या स्कूल में इंटरवल में खाना खाते समय सब्जी गिरकर हलदी का पीला दाग यूनिफॉर्म पर छोड़ देती है। इसी प्रकार आते-जाते कभी-न-कभी कोई धब्बा; जैसे—चाय का, कॉफी का, तेल का या ग्रीस का कपड़ों पर पड़ जाता है। तब टी.वी. की ललिताजी याद आती हैं और उस समय न सर्फ पाउडर काम आता है, न कारगर सिद्ध होता है—निरमा, एरियल या रिन। उस समय आपको सिर्फ रसायनों की शरण में आना पड़ता है। हाइड्रोजन पैरॉक्साइड (H_2O_2), ऑक्जैलिक एसिड (Oxalic Acid), ब्लीचिंग पाउडर, अमोनिया, बोरिक एसिड तथा पेट्रोलियम घोलक बड़ी सफाई से इन दागों को इस प्रकार साफ कर देते हैं कि फिर तो उन्हें आप बस ढूँढ़ते ही रह जाते हैं। ये सभी रसायन विरंजनकारी गुणोंवाले हैं।

काजल रसायन

कहीं लोगों की नजरें बच्चों पर न लगें, इसलिए बच्चों को काजल का ढिठौना माथे पर लगा देते हैं और नजरें ठीक पड़ें तो आँखों में काजल सभी वर्ग के लोग लगा ही लेते हैं। दूल्हा-दुलहन का श्रृंगार काजल के बगैर अधूरा ही रहता है। आँखों को कजरारी और नजरों को दुरुस्त रखने के लिए काजल में गुणकारी रसायन निहित होते हैं। काजल कपूर, अजवाइन के फूल, नीम के फूल, शुद्ध घी और बरतन पर जमाई हुई कालिख के मिश्रण से बनता है, जिनमें निर्जर्मीकृत गुण होते हैं तथा कालिख (कार्बन) में गंदगी को सोखने की अपार क्षमता होती है। विभिन्न प्रकार के क़ाजलों, सुरमों में उपस्थित गुणकारी रसायन आदि हमारी आँखों की सुरक्षा करते हैं। किंतु ठगों से होशियार रहें। गलत काजल से आँखों को क्षति पहुँच सकती है।

पेटदर्द निवारक चूर्ण

मुझे स्कूल की एक घटना याद आ रही है, जब एक बच्चा पेट के दर्द से कराह रहा था। उसे खट्टी डकारें आ रही थीं। पेट में अफारा होने के कारण पेट फूला-सा लग रहा था। हमारे पी.टी. टीचर ने तुरंत एक गिलास पानी मँगवाया और सफेद नमक की भाँति के चूर्ण को गिलास में डाल दिया। गिलास में बड़ी तेजी से बुलबुले उठ रहे थे; जैसे पानी में भूचाल आ गया हो। यह देखकर हम सभी बच्चे अपनी अनभिज्ञता जताते हुए उछल रहे थे। इस पानी को टीचरजी ने शीघ्र ही उस बच्चे को पिला दिया। कुछ क्षणों में उसका दर्द शांत हो गया। कौतूहल शांत करने के लिए टीचरजी ने बताया कि सोडा वाटर, पेप्सी, थम्सअप या लिम्का आदि कोल्ड ड्रिंक की बोतलें खोलते समय इसी तरह की क्रिया देखने को मिलती है, जिसका कारण इसमें घुली हुई दाब सहित बंद कार्बन डाइऑक्साइड गैस है।

यही कार्बन डाइऑक्साइड गैस पेटदर्द निवारक है। खानेवाला सोडा सोडियम (बाइकार्बोनेट और साइट्रिक एसिड के चूर्ण को) गिलास में डालने पर कार्बन डाइऑक्साइड उत्पन्न होती है। इसी प्रकार जब 'ईनो फ्रूट साल्ट' का सफेद चूर्ण जल में डालते हैं तब भी कार्बन डाइऑक्साइड गैस पैदा होती

है, जो पेटदर्द से छुटकारा दिलाती है।

बोतल में आग

सड़क किनारे मजमा लगाकर जादुई करतब दिखानेवाले बाजीगर बड़े माहिर होते हैं। वे अजीबोगरीब हरकतें कर अपनी रोजी-रोटी कमाते हैं। इन्हीं खेलों में उनके पास होता है एक खेल—'बोतल में आग लगाना'। पर

वे इसका रहस्य किसीको नहीं बताते, चाहे कोई उनकी जितनी मिन्नतें करे। मैं तुम्हें इसका मुफ्त में ही रहस्य बताए देती हूँ; पर उन मजमा लगानेवालों से न कहना कि मैंने उनका हुनर बता दिया है। हाँ, तो यह बहुत ही आसान खेल है। इसमें काँच की सूखी बोतल लेते हैं और उसमें थोड़ी-सी ब्रांडी भरकर कॉर्क लगा देते हैं। थोड़ी देर में ब्रांडी बोतल की हवा के साथ घुल-मिल जाती है। अब जब भी खेल दिखाना हो तो ढक्कन लगी बोतल को खोलते हैं और उसमें जलती हुई तीली दिखाते हैं। तीली के नजदीक आते ही पूरी बोतल आग की लपटों से भर जाती है। इसी तरह पीली लौ की जगह हरे रंग की आग दिखाने के लिए वरडीर्गिस को तारपीन के तेल में घोलकर छान लेते हैं और बोतल में भरकर रख लेते हैं।

यहाँ ब्रांडी की जगह स्प्रिट, अल्कोहल या पेट्रोल भी ले सकते हैं, जो ज्वलनशील पदार्थ का कार्य करते हैं। अतः खेल दिखाते समय यह सावधानी अवश्य रखें कि पास में कोई ज्वलनशील पदार्थ; जैसे—गैस सिलेंडर, पेट्रोल,

कैरोसीन आदि न हो तथा खुले स्थान पर ही खेल का प्रदर्शन करें।

अग्नि रसायन

बच्चो! अग्नि पंचमहाभूतों में से एक है। हमारा अस्तित्व अग्नि के साथ जुड़ा हुआ है। परंतु आदि मानव अग्नि उत्पन्न करने की विधि से अनभिज्ञ होने के कारण काफी समय तक कच्चे भोजन पर ही अपना जीवन-यापन करता रहा। उसने जंगल की आग दावाग्नि या दावानल को देखकर चकमक पत्थर से आग उत्पन्न करना सीखा। वह दो पत्थरों को आपस में तेजी से रगड़ता-भर था और चिनगारी पैदा हो जाती थी। मानव सभ्यता के आरंभ से ही आग पैदा करने की यह विधि आज तक प्रचलित है। फर्क सिर्फ इतना है कि पहले जहाँ पत्थर रगड़ने पड़ते थे वहाँ अब जेब में पड़ी माचिस की पतली-सी तीली को एक-दो बार डिब्बी में चिपकी भूरी-काली पट्टी पर तेजी से रगड़ना पड़ता है। आग पैदा करने के लिए विज्ञान ने यद्यपि बहुत से उपकरण उपलब्ध कराए हैं, परंतु फिर भी माचिस सबसे ज्यादा लोकप्रिय है। सौर ऊर्जा, यांत्रिक ऊर्जा और विद्युत् ऊर्जा से विभिन्न प्रकार की अग्नि उत्पन्न की जा सकती है। इसके अलावा एक और अग्नि होती है, जो रसायनों द्वारा उत्पन्न की जा सकती है। ज्वालामुखी के मुख पर जलती हुई आग और उससे निकलते लावा के गर्भ में भी रासायनिक तथ्य ही छुपे हुए हैं।

मैं इस संदर्भ में विभिन्न प्रकार के रसायनों द्वारा आग उत्पन्न करने की कुछ विधियाँ आपकी जानकारी के लिए बता रही हूँ, जिसे खेल-खेल में दिखा आप अपनी बुद्धिमत्ता का परिचय दे सकते हैं; परंतु इन खेलों को दिखाते समय सावधानी रखने की आवश्यकता है।

1. गंधक द्वारा आग लगाना

इस विधि में कागज के 2×2 वर्ग इंच के कुछ टुकड़े काट लें। इनमें से आधी पट्टियों पर फास्फोरस पेंटाक्लोराइड एवं बाक़ी आधी पट्टियों पर गंधक पाउडर का लेप लगाकर अलग-अलग काँच की शीशियों में सुरक्षित रख लें। अब जब भी खेल दिखाना हो तो गंधक से लिपटी पट्टियों को फास्फोरस पेंटाक्लोराइड से लेप की गई पट्टियों से मिला दें। सावधानी रखें; कारण,

पट्टियों के आपस में मिलते ही फौरन आग उत्पन्न हो जाएगी।

2. फास्फोरस द्वारा आग

इस खेल को दिखाने के लिए पूर्ण ऑक्सीजनरहित क़ाँच की परखनली लेते हैं। परखनली में फास्फोरस एवं मोम लगी अलग-अलग 2×2 वर्ग इंच की कागज की पट्‌टी रखते हैं और कसकर ढक्कन से बंद कर देते हैं। अब जब भी खेल दिखाना हो तो काँच की नली को तोड़ देते हैं। नली टूटते ही कागज में आग लग जाती है।

इस क्रिया के पीछे फास्फोरस का ऑक्सीजन के संपर्क में आते ही आग लग जाने का रहस्य है, जिसे निम्न सूत्र से समझा जा सकता है—

$4P + 5O_2\ 2P_2O5$ + आग

3. पोटैशियम क्लोरेट द्वारा आग

विधि 1—एक काँच की परखनली में पोटैशियम क्लोरेट एवं दूसरी परखनली में शक्कर व गोंद के मिश्रण से लेप की हुई कागज की पट्टियों को सुरक्षित रख लेते हैं। खेल दिखाते समय इन दोनों पट्टियों को गंधक के अम्लवाली परखनली में डुबोया जाता है। मिश्रण एवं गंधक के अम्ल के मिलते ही आग लग जाती है। इस रासायनिक क्रिया के आधार पर ही माचिस का निर्माण हुआ है।

विधि 2—इसमें काँच की ट्‌यूब में गंधक का अम्ल लिया जाता है तथा इसी ट्‌यूब के किनारे पर एक रसायनयुक्त कागज की पतली पट्‌टी चिपका देते हैं। पट्‌टी पर पोटैशियम क्लोरेट, शक्कर एवं गोंद का मिश्रण चिपका होता है। अब जब भी आग का खेल दिखाना हो तो काँच की ट्‌यूब को सावधानीपूर्वक तिरछा कर मिश्रण लगी पट्‌टी को गंधक के अम्ल से भिगोते हैं। पट्‌टी का गंधक के अम्ल के संपर्क में आते ही आग लग जाती है।

4. आग लगाऊ द्रव

सफेद फास्फोरस एक ऐसी धातु है, जो हवा के संपर्क में आने से पूर्व ही सामान्य तापक्रम पर चमकने लगती है और शीघ्र ही स्वतः आग पकड़ लेती है। अतः इसका उपयोग आग लगाऊ पदार्थों के बनाने में किया जाता

है। चूँकि फास्फोरस स्वत: ज्वलनशील है, अत: इसे कार्बन डाइसल्फाइड नामक द्रव में घोलकर आग लगाऊ घोल के रूप में प्रयोग में लाया जाता है। इस घोल में रुई, चिथड़ों आदि को भिगोकर जादूगर अपने पास रख लेता है। मंत्रों का उच्चारण करते हुए अग्निदेवता का आह्वान करता है और इन चिथड़ों को खोलकर रखता है। हवा में रखते ही कुछ क्षणों के उपरांत इन चिथड़ों में स्वत: आग प्रज्वलित हो उठती है।

5. रेडीमेड उत्कृष्ट आग जलाऊ मिश्रण

फास्फोरस का कार्बन डाइसल्फाइड में विलयन अत्यधिक वाष्पशील होने के कारण एक स्थान से दूसरे स्थान तक ले जाने में खतरा होता है, अत: इन दोषों को दूर करने के लिए कुछ जादूगर फास्फोरस, कार्बन डाइसल्फाइड, बैंजीन, फ्यूल ऑयल और ट्राइ नाइट्रो-टालुवीन के मिश्रण को एक रेडीमेड उत्कृष्ट आग जलाऊ मिश्रण के रूप में प्रयोग में लाते हैं। इस मिश्रण को भी कपड़े, रुई, चिथड़े, लकड़ी, पेपर, सूखी पत्तियों आदि पर छिड़ककर 'ओ३म् अग्नि देव स्वाहा' करते हुए जादुई आग उत्पन्न कर दर्शकों को आश्चर्य में डाल देते हैं।

6. कॉटन वूल एवं तारपीन तेल पर क्लोरीन द्वारा आग

इसे दिखाते समय कॉटन वूल या कागज को तारपीन के तेल में भिगोकर अलग काँच की शीशी में बंद कर रख लेते हैं। एक क्लोरीन से भरा एमप्यूल भी पास में रख लेते हैं। अब जब भी खेल दिखाना हो तो क्लोरीन एमप्यूल को तारपीनयुक्त कॉटन वूल के पास खोल दें। क्लोरीन गैस के नजदीक आते ही वह शीघ्र ही स्वयं जलने लगेगा तथा धुएँ के बादल एवं कालिख (धुएँ) का निर्माण होगा।

यहाँ धुएँ के बादल बनने का कारण हाइड्रोजन क्लोराइड का बनना है।

7. सोडियम धातु और आग

सोडियम धातु को पानी से भरी तश्तरी में डालें तो आप देखेंगे कि जल के संपर्क में आते ही सोडियम धातु के टुकड़े नाचने लगेंगे। अत: सोडियम धातु को हमेशा कैरोसीन में डुबोकर रखा जाता है। सोडियम को कुछ ज्वलनशील द्रवों में भी मिलाया जाता है, जो स्वत: हवा के संपर्क में आते ही

आग पकड़ लेते हैं।

8. धूम्र रसायन

चलचित्रों में आपने जादुई, धार्मिक और तिलिस्मी कारनामों के अंतर्गत देवताओं, राक्षसों, दानवों व जिन्न के प्रकट होने और अदृश्य होने के कारनामे देखे होंगे। अनेक प्रकार के धूम्रकारक रसायनों के प्रयोग द्वारा इन दृश्यों को संपन्न कराया जाता है। प्रथम विश्वयुद्ध के समय से ही सेनाएँ इन धूम्रकारक रसायनों को विभिन्न प्रकार की गतिविधियों में प्रयोग करती आ रही हैं। इनके साथ विषाक्त गैसों और विस्फोटक तथा आग लगाऊ पदार्थों के समावेश से घातक रासायनिक अस्त्र बनाए जाते हैं। आपकी जिज्ञासा शांत करने हेतु कुछ धूम्रकारकों का वर्णन कर रही हूँ।

(1) काला देव—काला धूम्र उत्पन्न करने हेतु कच्चे खनिज तेलों के मिश्रण को लिया जाता है, जो कि वस्तुतः हाइड्रोकार्बनों से भरपूर होते हैं। इन तेलों का या तो वाष्पीकरण कर दिया जाता है या एक स्थान पर इनका अपूर्ण दहन किया जाता है। इस अपूर्ण दहन के फलस्वरूप कार्बन के कण वायु में मिल जाते हैं और काला धुआँ उत्पन्न करते हैं। इन अपारदर्शी कार्बनों के कणों के कारण धुआँ काला दिखाई देता है और विभिन्न प्रकार के आकारों में बीभत्स दृश्य उपस्थित करता है।

(2) चमकीला सफेद देव—इस श्वेत चमकीले देव को उत्पन्न करने के लिए एक ऑक्सीजनरहित वातावरण में लकड़ी या प्लास्टिक या गुब्बारे के आदमीनुमा खिलौने के ऊपर सफेद फास्फोरस का लेप कर दिया जाता है। इस जादुई खिलौने को ऑक्सीजनरहित प्लास्टिक की थैली में सील बंद कर दिया जाता है। खेल दिखाते समय जैसे ही आवरण को हटाया जाता है वैसे ही यह पुतला चमकने लगता है और साधारण तापक्रम पर ही वायु से क्रिया कर आग की बड़ी-बड़ी लपटों में परिवर्तित हो जाता है। यहाँ तक कि जल में डुबोने पर भी जो भाग पानी के बाहर रह जाता है, वह भी जलता रहता है।

यह क्रिया ज्वलनशील फास्फोरस के ऑक्सीकरण के कारण होती है।

(3) श्वेत अपारदर्शी दीवार—दर्शकों, दुश्मनों को धोखा देने के लिए धूम्रकारक रसायनों के प्रयोग द्वारा एक सफेद अपारदर्शी दीवार का

निर्माण भी सहजता से किया जा सकता है। अधिक घनी और अपारदर्शी दीवार बनाने हेतु मौसम में आर्द्रता की उपस्थिति में इस रसायन का प्रयोग अधिक प्रभावकारी होता है। सुदूर स्थान पर दीवार बनाने के लिए बंदूकों द्वारा इस रसायन को प्रक्षेपित किया जाता है, जो हवा के संपर्क में आते ही सफेद धुआँ उत्पन्न करना प्रारंभ कर देता है। यह सफेद फास्फोरस है, जो हवा में उपस्थित ऑक्सीजन के साथ फास्फोरस पेंटा ऑक्साइड का सफेद धुआँ बनाता है। यह धुआँ हवा में नमी के रूप में उपस्थित जल के साथ क्रिया कर फास्फोरिक अम्ल और सघन धुआँ बनाकर अपारदर्शी दीवार के रूप में स्थित हो जाता है।

(4) पीला बादामी दानव—तत्काल शीघ्रता से गाढ़ा धुआँ उत्पन्न करने के लिए धूम्र मोमबत्तियाँ भी उपयोग में लाई जाती हैं। इन मोमबत्तियों को बनाने के लिए पोटैशियम नाइट्रेट, गंधक, डामर (पिच), सरेस और सुहागा का मिश्रण प्रयोग में लाया जाता है। थोड़ी मात्रा में कोयले का बारीक चूर्ण भी मिलाया जाता है। बनी हुई मोमबत्तियों को जलाते ही पीले बादामी रंग का दानव प्रकट होना प्रारंभ हो जाता है। इस रसायन की विशेषता यह है कि इसमें से निकलनेवाला पीला बादामी धुआँ बड़ी शीघ्रता से ऊपर उठता है। इस रासायनिक मिश्रण के अवयव आसानी से सभी जगह उपलब्ध होने के कारण मदारी इसका प्रयोग सरलता से दर्शकों को दिखाने के लिए करते हैं।

(5) धूम्र मोमबत्ती—सलेटी रंग का दानव उत्पन्न करने के लिए एक 'बर्जर' मिश्रण का प्रयोग किया जाता है, जिसे फ्रांसीसी वैज्ञानिक बर्जर ने सर्वप्रथम बनाया था। यह मिश्रण हलुए की तरह होता है और इसे डिब्बों में भरा जाता है; जिन्हें 'धूम्र मोमबत्ती' कहा गया था। बर्जर ने इसमें 25 प्रतिशत जलाने का चूर्ण, 50 प्रतिशत कार्बन टेट्राक्लोराइड, 20 प्रतिशत जिंक ऑक्साइड और शेष किसुलगर मिट्टी ली थी। इस धूम्र में कोई हानिकारक तत्त्व नहीं है, अतः अधिक समय तक भंडारित किया जा सकता है।

बमाबम

मुझे याद आता है कि बचपन में जब पटाखों का प्रचलन कम था तब

सस्ते में बच्चे स्वनिर्मित बमों का प्रयोग कर दीपावली का मजा लेते थे। इन बमों को बनाने के लिए विभिन्न प्रकार की सामग्री और साधारण घरेलू उपयोग की वस्तुएँ ही काम में ली जाती थीं। मैं ऐसे ही कुछ घरेलू बम-पटाखों का विवरण आपको दे रही हूँ।

(1) हथौड़ी बम—लोहे की एक हथौड़ी, जिसके लोहेवाले भाग पर एक गड्ढा होता था और उसको बंद करने के लिए एक कील या एक छोटी-सी छड़ होती थी। हम बच्चे एक पीले-से रंग के पाउडर को उस गड्ढे में भरकर लोहे की छड़ से बंद कर देते थे। अब इस हथौड़ी को इस छड़ के बल उलटा जमीन पर जोर से पटकते थे। पटक पड़ते ही पाउडर में विस्फोट होता और जोर से आवाज होती।

यहाँ जो पीला पाउडर लिया गया है, उसमें पोटैशियम नाइट्रेट और गंधक का पाउडर मिलाया जाता है।

(2) दीवारपटक बम—आपने दीपावली पर पटाखों की दुकान पर छोटे-छोटे आँवलों के आकार के दीवारपटक बमों को देखा होगा। इन बमों को यदि जोर से दीवार पर फेंककर मारा जाए तो पटक लगते ही जोरदार आवाज होती है।

इन बमों में भी पोटैशियम नाइट्रेट और गंधक के पाउडर का प्रयोग आवाज के लिए किया जाता है।

(3) सुतली बम—आजकल तरह-तरह के बम-पटाखे बड़े धड़ल्ले के साथ दीपावली के समय पटाखों की दुकान पर बिकते हुए देखे जा सकते हैं; जिनमें सुतली बम प्रमुख हैं। इन बमों के अंदर काला बारूद व छोटे-छोटे पत्थर के टुकड़े भरे होते हैं। इस काले मिश्रण को सुतली द्वारा कसकर बाँध दिया जाता है और साथ में एक काला पलीता भी लगा दिया जाता है। पलीते में आग लगाते ही बहुत जोर की आवाज होती है।

इस काले बारूदी पाउडर में शोरा 75 प्रतिशत, गंधक 15 प्रतिशत एवं पिसा कोयला 10 प्रतिशत के अनुपात में होता है।

(4) देशी बंदूक—आज भी गाँवों में देशी बंदूक या भरतुआ बंदूक का प्रचलन है। इस बंदूक में भी पोटैशियम नाइट्रेट, गंधक का चूर्ण और पिसा

कोयला या उपले (कंडे) का पाउडर लिया जाता है। इस मिश्रण को नमी से बचाकर रखा जाता है। मिश्रण को बंदूक की नली में भरकर स्ट्राइकर की चोट से विस्फोट उत्पन्न किया जाता है। इस बंदूक द्वारा सिर्फ आवाज ही उत्पन्न की जा सकती हैं। तीतर, बटेर आदि पक्षियों का निकट से शिकार करने के लिए बंदूक की नली में उक्त मिश्रण के साथ पत्थर के टुकड़े या लोहे के छर्रे भरकर और मुँह पर जूट या रुई को ठूँस-ठूँसकर भरकर दागा जाता है।

सोने की ठगी

लालच करना बहुत बुरा होता है, बचपन से अभी तक यह सुनते आए हैं; पर किसीने भी थोड़ा-सा लालच दिखाया नहीं कि हम फिसल गए। बड़े-बड़े शहरों में अकसर भोलीभाली महिलाएँ तो इस चक्कर में आ ही जाती हैं। दिन में फेरी लगानेवाले आवाज देते हैं कि 'गहने साफ करा लो'।

बस! इसमें छिपा रहस्य वे समझ नहीं पातीं कि सस्ते में गहने यानी सोना साफ कराने के लालच का मतलब है, आप ठग जाओ। वे बड़े आराम से आपके गहने से सोना सफाई के बहाने अम्लीय घोल में ले जाते हैं। वह तो बाद में पता चलता है, जब गहना तौला जाता है। हाँ, तो मैं यहाँ बताती हूँ कि किस तरह आप ठगे जाते हैं। ये ठग महाशय अपने पास एक तरह का द्रव रखते हैं, जिसके द्वारा गहनों से मैल निकाला जाता है।

यह द्रव कोई ऐसा-वैसा नहीं बल्कि बहुत ही सांद्र नमक का तेजाब (हाइड्रोक्लोरिक अम्ल) तथा शोरे के तेजाब (नाइट्रिक अम्ल) का 1 तथा 3 के अनुपात का मिश्रण होता है। इसे 'एक्वारीजिया' अर्थात् 'अम्लों का राजा' कहते हैं। इसमें सोना-चाँदी जैसी अनमोल धातुएँ आसानी से घुल जाती हैं। अतः यहाँ पर अम्लों के राजा ने आपको रंक बनाने का अपना काम कर दिखाया। ठग महाशय ने सफाई करवाने के लिए पैसे तो लिये ही, साथ ही अदृश्य रूप में सोना-चाँदी भी गहनों में से घोलकर ले गए।

लौह यौगिक एक : देता रंग अनेक

अब मैं आपको एक हरफनमौला यौगिक के बारे में बताना चाहती हूँ। इसका नाम है 'फेरिक क्लोराइड'। यह पीले रंग का होता है और पानी में इसका

तनु विलयन बहुत ही हलकी क्रीम रंग का होता है। इसकी चार-पाँच बूँदें ही विभिन्न रसायनों के जलीय घोल में मिलकर निम्नलिखित रंग देती हैं—

रसायन	**रंग**
कार्बोआक्जलिक अम्ल	पीला
फीनोल तथा फीनोलिक मिश्रण	नीला-हरा
ईस्टरस्	बैंगनी
फेरिक अमोनियम सल्फेट	मोरपंखी नीला
अर्थो फीनोनथ्रोलीन	लाल

सोडियम हाइड्रॉक्साइड	सफेद, मटमैला, तलछट
अमोनियम हाइड्रॉक्साइड	भूरा, मटमैला, तलछट
पैरा-हाइड्रॉक्सी बैंजोइक अम्ल	लाल
टैनिक अम्ल (ठंडी अवस्था में)	गहरा नीला
टैनिक अम्ल (गरम अवस्था में)	काला नीला
फीनॉक्सी एसिटिक अम्ल (गरम अवस्था में)	पीला
वैनिला	नीला
पाइरोग्लूसीनाल	बैंगनी
केटिचॉल (कत्था)	हरा
रिसारसीनाल	नीला बैंगनी

जादूगर एक बोतल में फेरिक क्लोराइड तथा अन्य बोतलों में उपर्युक्त रसायनों के जलीय विलयनों को अलग-अलग भरकर रख लेता है। खेल दिखाते समय जादूगर अपनी मीठी-मीठी और लुभावनी बातों से दर्शकों का ध्यान बँटाते हुए फेरिक क्लोराइड के घोल की कुछ बूँदों को विभिन्न बोतलों में रखे जलीय घोल में मिला, इन विभिन्न रंगों का मायाजाल दिखा वाहवाही लूटता जाता है।

प्रकृति के रंग : हमारे कितने संग

आदिवासी क्षेत्रों में आज भी लोग प्राकृतिक रंगों का प्रयोग अनेक क्षेत्रों में करते हैं। चाहे चित्रकारी हो या कपड़े की रँगाई या सौंदर्य प्रसाधनों में प्रयोग हों—ये रंग चित्ताकर्षक, दोषरहित एवं कल्याणकारी होते हैं। इनके अंतर्गत हलदी, टेसू (पलाश), मेहँदी, नील, रोहिड़ा, गेंदा आदि के रंग सम्मिलित हैं। इन सभी प्राकृतिक रंगों की निराली दुनिया के पीछे भी हमारे रासायनिक तथ्य हैं। एंथोसायनिन, फ्लेवोन, करक्यूमीन, एंथ्राक्वीनोन, नेफ्थोक्वीनोन आदि के यौगिक सम्मिलित हैं। इन प्रमुख रंगों का विवरण इस प्रकार है—

1. रंग-रँगीली मेहँदी

श्रावण का महीना हो या शादी-ब्याह हो या स्कूल के बच्चों की

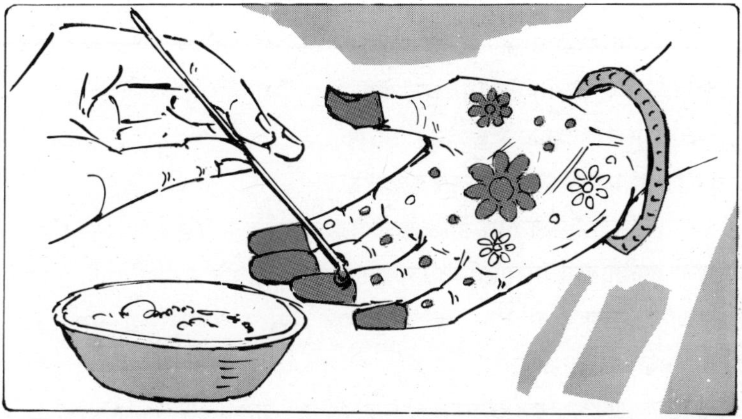

प्रतियोगिताएँ—सभी में मेहँदी माँड़ना अनिवार्य-सा हो गया है। विवाह में वधू के सोलह श्रृंगारों में से एक श्रृंगार का यह प्रतीक है। विभिन्न साँचों एवं माँड़ने की कला ने अभूतपूर्व प्रगति की है, जिससे गोरी के हाथों का सौंदर्य चौगुना बढ़ जाता है। आप जानते हैं, यह हरी मेहँदी किस प्रकार चित्ताकर्षक लाल-गुलाबी रंग से हमारे हाथ-पैरों को रँगकर रच-बस जाती है? अब तो यह वृद्ध लोगों के सिर पर भी चढ़कर बोलने लगी है।

मेहँदी की पत्तियों में एक प्रकार का रंजक पदार्थ होता है, जिसे लासोन या 2-Hydroxy, 1-4 नेफ्थोक्वीनोन कहते हैं। यह रासायनिक यौगिक हाथ-पैर और बालों में उपस्थित प्रोटीन के साथ क्रिया कर उन्हें लाल रंग प्रदान करता है।

2. जंगल में आग से खेलो फाग

फरवरी-मार्च के महीनों में जंगलों में बहार-सी छा जाती है और यदि पलाश के वृक्ष हों तो ऐसा लगता है जैसे सिर पर आग उठाए वृक्ष खड़े हैं। कामदेव के पाँच शरों में से एक—पलाश के शर (बाण) ने समाधिस्थ शिव की तपस्या भंग की थी। होली के अवसर पर पलाश (टेशू) के फूल और इनका पानी में निकाला रंग भी सभी लोगों का ध्यान अपनी ओर आकृष्ट कर लेता है। इसका केसरिया रंग अत्यंत लुभावना, शीतलप्रद व दोषनिवारक होता है। रजवाड़ों में, गाँवों में और सार्थक विचारधारा के लोगों में आज भी इसका प्रचलन है। क्या आप जानते हैं कि आकर्षक रंग

के गर्भ में समाया हुआ है हमारा रासायनिक यौगिक नेप्थाक्वीनोन, एंथ्राक्वीनोन एवं बैंजाक्वीनोन्स। वसंतोत्सव पर इससे रँगे परिधानों के पहनने की अत्यंत सुखद परंपरा है।

3. रसोई की शान, स्वास्थ्य की पहचान

हमारे वैवाहिक कार्यक्रम हों या दैनिक व्यंजनों का रसोई में बनाना हो। हम सभी हलदी के महत्त्व को नहीं नकार सकते। ओषधि गुणों से पूर्ण हलदी का उपयोग आयुर्वेद में चोट, चर्मरोग, मोच, सूजन, श्वास रोग और अब नवीन अनुसंधान के अनुसार, कैंसर के उपचार में वर्णित है। हलदी में पाया जानेवाला पीला रंग इसमें उपस्थित 'करक्यूमिन' यौगिक के कारण होता है। यदि हलदी न होती तो दाल-सब्जी के रंग फीके पड़ जाते। वधुओं की कमनीयता में कमी रह जाती।

4. कपड़ों की शान, नील की पहचान

अंग्रेजी राज के समय बिहार राज्य के चंपारन क्षेत्र में नील की खेती का प्रकरण विश्व में चर्चित हुआ था। नील को 'इंडिगो' भी कहा जाता है। सफेद कपड़ों की धुलाई के उपरांत चमक देने में यह विशेष महत्त्व रखता है। इस उपयोगी नील की रासायनिक संरचना में रंगहीन ग्लायकोसाइड 'इंडिकन' के रूप में 'इंडिगोटीन' नामक रंजक अणु पाए जाते हैं, जो सफेद कपड़ों में छिपे मैल को नष्ट कर लुभावना, हलका आकर्षक रंग प्रदान करते हैं।

5. खइके पान बनारसवाला

राजपूतों की चुनौती का प्रतीक पान का बीड़ा, मांगलिक कार्यों में चाँदी के वर्क से सजे पान एवं सुपारी के महत्त्व को अतिथि-सत्कार और भोजनोपरांत स्वस्थकर उपयोग से हम सभी पूर्ण परिचित हैं। पान के साथ चूना, कत्था व सुपारी एक मनोहारी लाल रंग प्रदान करते हैं, जो होंठों को आभा प्रदान करने के साथ-साथ हमारे मसूड़ों व दाँतों को स्वास्थ्य प्रदान करते हैं।

कत्था एवं चूने के साथ पान को लाल रंग प्रदान करने के पीछे जो रहस्य छिपा हुआ है, वह है कत्था व सुपारी में उपस्थित 'ऐरेकोलीन' रंजक। ये रंजक चूने एवं मुँह में पान की पत्ती को चबाने से उत्पन्न लार से प्रतिक्रिया कर लाल रंग प्रदान कर देते हैं।

प्रोटीन का कमाल

जी हाँ बच्चो! आओ, आज तुम्हें प्रोटीन का कमाल अंडों के द्वारा दिखलाती हूँ। इसके पहले राजू ने अपनी मम्मी को साबुत अंडे को तोड़ते एवं फ्राइंग पेन (तवा) पर डालते देखा था। वह देखता क्या है कि पूरे अंडे में पीला व सफेद लसलसा पदार्थ भरा हुआ था। थोड़ी देर में राजू ने मम्मी को दूसरा अंडा छीलते देखा और अब वह देखता है कि यह अंडा पहलेवाले फोड़े अंडे से अलग है। यह जमा हुआ तथा ऊपर से सफेद एवं चिकना दिखाई दे रहा है। बस, उसका कौतूहल बढ़ गया और माँ के पीछे पड़ गया कि 'मम्मी, बताओ न, ये दो तरह के अंडे कैसे हो गए; जबकि पापाजी ने मेरे सामने एक ही दुकान से अंडे खरीदे थे?' मम्मी कुछ उत्तर न दे सकीं और राजू को समझाते हुए कहा कि 'बेटा, तुम अपनी बुआजी के पास जाकर पूछो, वे ही तुम्हारी बात को ठीक तरह से समझाएँगी।' राजू अपनी जिज्ञासा शांत करने के लिए मेरे पास आया। तब मैंने उसे यों कह समझाया कि अंडे में मुख्यतया जल, प्रोटीन व वसा होती है। सभी प्रोटीन, जो कि नाइट्रोजन के यौगिक होते हैं, गरम करने पर या किसी रसायन विशेष के प्रभाव से थक्के का रूप धारण कर लेते हैं। चूँकि अंडों में प्रोटीन होती है, जो गरम करने पर ठोस हो जाती है। इसी तरह दालों, विशेषकर उड़द की दाल व राजमा आदि, में प्रोटीन की मात्रा अधिक होने के कारण पकने एवं ठंडा होने के बाद गाढ़ापन आ जाता है। मीट, मछली और चिकन की तरी भी प्रोटीन के कारण ठंडा होने पर थक्का बनकर जम जाती है।

राजू अपने प्रश्न का उत्तर पा बहुत खुश हुआ और 'दो अंडे, जादू भरे' कह अपने दोस्तों को दिखाने पड़ोस में चला गया।

चल मेरी गोली टिक-टिक-टिक

रासायनिक प्रयोगशाला में बाइकार्बोनेट के परीक्षण पर आधारित यह रासायनिक जादू अत्यंत लुभावना है। इसमें सफेद रंग की गोली इशारा पाते ही पानी-भरे गिलास की तली से तैरती हुई सतह पर आती है एवं तनिक विश्राम कर मानो साँस ले रही हो और पुनः डुबकी मारती है। यह तली पर

पहुँचकर डूबती नहीं और इसका कत्थक नृत्य घंटों चलता रहता है। जादू का मंत्र आपके हाथ में है। जब तक कि इसे चुटकी-भर सफेद राख रूपी रसायन खिलाते रहोगे, यह ताक धिनक धिन-धिन करती रहेगी। बस, तुम्हें करना यह है कि काँच का पानी से भरा हुआ गिलास लो और उसमें दो-तीन चम्मच सिरका (एसीटिक एसिड) व थोड़ा-सा खानेवाला सोडा (सोडियम बाइकार्बोनेट) मिला चम्मच से सावधानीपूर्वक धीरे-धीरे चलाते रहो। ध्यान रहे, तेजी से हिलाने पर तेज सनसनाहट की आवाज होने लगेगी। अब इसके पश्चात् जैसे ही तुम गरम कपड़ों में रखनेवाली नेप्थलीन की कुछ गोलियों को इस द्रव में डालोगे तो केवल तुम्हारे साथी ही नहीं वरन् तुम स्वयं भी आश्चर्यचकित रह जाओगे इन्हें देखकर। द्रव में छोड़ते ही पहले ये गोलियाँ डूबकर तली में जा पहुँचेंगी, पर कुछ क्षणों में एक के पीछे एक तैरती हुई ऊपर आने लगेंगी। अब्र सतह पर पहुँची ही नहीं कि पुनः डुबकी लगा तली में पहुँच जाएँगी। यहाँ बिना विश्राम किए हुए जादूगर की ताल पर नीचे से ऊपर, ऊपर से नीचे नाचती रहेंगी।

इसके पीछे कारण क्या है ? जरा ध्यान से इन तैरती, नाचती गोलियों को देखो। आप देखोगे कि एक गोली जैसे ही डूबकर तली में पहुँचती है, छोटे-छोटे बुलबुले उसकी सतह से आकर चिपकने लगते हैं। ये बुलबुले कुछ और नहीं, द्रव में उपस्थित कार्बन डाइऑक्साइड गैस के होते हैं; यानी कि वह गैस जिसे हम श्वास छोड़ने के साथ नाक या मुँह से बाहर निकालते हैं और

जिसे हम कोकाकोला, थम्सअप, लिम्का, पेप्सी आदि की बोतल खोलने पर बुलबुलों के रूप में स्पष्ट देख सकते हैं। यह सोडियम बाइकार्बोनेट एवं एसीटिक एसिड के साथ क्रिया करने से बराबर बनती रहती है। यही बुलबुले गोलियों को छोटे गुब्बारे की तरह उठाकर ऊपर ले जाते हैं। सतह पर पहुँचते ही कुछ बुलबुले फूटकर हवा में मिल जाते हैं और बाकी के बचे बुलबुले गोलियों के वजन को सँभाल नहीं पाते—फलस्वरूप गोली तली में पहुँच जाती है। वहाँ पुनः नए बुलबुलों के संपर्क में आते ही फिर से वही क्रिया दोहराई जाती है। इस तरह गोलियाँ ऊपर-नीचे होती रहती हैं; जब तक कि आप सोडियम बाइकार्बोनेट के सफेद चूर्ण का चुटकी-भर निवाला देना बंद नहीं करोगे, यह नृत्य चलता रहेगा और आप गिलास थामे नृत्य देखते रहोगे।

$$CH_3COOH + NaHCO_3 \rightarrow CH_3COONa + H_2O + CO_2\uparrow$$

(एसीटिक एसिड) + (सोडियम बाइकार्बोनेट) → सोडियम एसीटेट + पानी + कार्बन डाइऑक्साइड

चूने की प्यास

क्या आप चूने की प्यास को जानते हैं? यही बात आप अपने दोस्तों से भी पूछ देखिए। क्या कहा, नहीं जानते; तो आओ, मैं एक प्रयोग बताती हूँ, जिसे करके आप अपने मित्रों को समझा सकते हैं कि चूने को भी प्यास लगती है।

इसको दिखाने के लिए आपको चूना और पानी की आवश्यकता होती है। आप सूखे चूने पर थोड़ा-थोड़ा पानी का छींटा डालकर यह क्रिया महसूस करा सकते हैं। जिसे आप छूकर व सुनकर महसूस करते हैं कि पानी पड़ते ही चूने में से सूँ-सूँ की तेज आवाज आती है। चूना पानी पीता जाता है और सूँ-सूँ करके हवा निकालता जाता है; पर पानी पीकर इसकी खोपड़ी उलटा काम करती है—बजाय ठंडा होने के, गरम होती जाती है। अतः इससे दूर रहना, वरना अपने गुस्से से आपको जला देगा।

रक्त उगलता चूना

क्रोध में मैंने आँखें लाल होती तो देखी हैं और गुस्से में ठंडे पानी के

छींटे दो तो क्रोध को शांत होते हुए भी देखा है; पर चूना महाशय इतने विचित्र हैं कि इनपर पानी के छींटे पड़ते ही ये आगबबूला हो रक्त उगलने लगते हैं। सूखा चूना लेकर उसमें पानी के छींटे डालने का ही प्रदर्शन आपको करना है; पर इस पानी में थोड़ी फिनाफ्थेलीन भी घुली होती है। बस चूने में फिनाफ्थेलीन का पानी पड़ते ही चूना महाशय क्रोध में फूँ-फाँ, सूँ-साँ करते हैं और रक्तवर्णी हो जाते हैं। यहाँ तक कि जितना पानी डालते जाओ, ये रक्त-सा द्रव उगलते जाते हैं। सचमुच में पानी से चूना बुझकर ताप पैदा करता है, जो सूँ-साँ के रूप में बाहर निकलता है।

पानी में घुलकर चूना क्षारीय हो जाता है और फिनाफ्थेलीन के साथ क्रिया कर जल को रक्तवर्णी कर देता है।

शक्कर की नाप : रसायन पट्टी करती अपने आप

मेरी मम्मीजी बीमार रहती हैं और डॉक्टर के पास उनके दवाखाने में अकसर जाती रहती हैं। एक दिन मेरी छोटी बहन भी उनके साथ दवाखाना गई हुई थी। वहाँ जो भी चालीस से पचास साल के बीच के मरीज पहली बार दिखाने आते, उन्हें वह डॉक्टर सर्वप्रथम एक पतली-सी पट्टी शीशी में से निकालकर पकड़ा देता और कहता कि टॉयलेट में जाकर इस पट्टी को इसपर लगे निशान तक अपने पेशाब से भिगोकर ले आओ। मरीज इस पट्टी

को भिगोकर ले आता। अब डॉक्टर साहब उस पट्टी को पकड़कर देखते। मेरी बहन भी यह सब बड़े गौर से देख रही थी। उसने देखा कि वहाँ आए लगभग दस मरीजों के पास से ली गई पट्टियों में पाँच पट्टियों के रंग बदले हुए हैं; जबकि पाँच पट्टियों में कोई परिवर्तन नहीं था। जिन पट्टियों में परिवर्तन अधिक था उन मरीजों से डॉक्टर ने कहा कि 'तुम्हें मधुमेह (डायबिटीज) की शिकायत है, अत: शक्कर का सेवन बिलकुल बंद कर दो।' मरीज यह सुन चिंतित हो उठता है। वह डॉक्टर से इसका उपचार पूछता है। डॉ. साहब खाने में लंबा-चौड़ा परहेज बता दवाई की पर्ची लिख देते हैं। मरीज फीस देकर चले गए; परंतु मेरी छोटी बहन के दिमाग में एक विचार छोड़ गए कि यह कैसी जादुई पट्टी है, जो मधुमेह के रोग का पता लगाती है। घर आकर उसने मुझसे पूछा—'दीदी, मुझे ऐसी रसायन लगी पट्टियों का रहस्य बतलाओ न!' मैंने उसकी उत्सुकता देख उसे समझाया कि यह रसायन लगी पट्टी मधुमेह जानने की प्राथमिक जाँच है। इस पट्टी में फीनोलिक यौगिक या फेरीसायनाइड यौगिक के सांद्र घोल को लगाया जाता है तथा जब पट्टी सूख जाती है तब हवारोधक शीशी में सुरक्षित रख दी जाती है; ताकि इन रसायनों का ऑक्सीकरण न हो।

यहाँ फीनोलिक अथवा फेरीसायनाइड यौगिक पेशाब में उपस्थित शक्कर की सांद्रता के अनुसार भिन्न-भिन्न रंग प्रदर्शित करते हैं, जिन्हें शीशी पर दिए गए रंगीन चार्ट से मिलाकर मधुमेह की रिपोर्ट दी जाती है।

प्रत्युत्पन्न दर्पण

जादूगर अपनी जादूगरी से लोगों का मनोरंजन कर रहा था। वह नए-नए आइटम दिखाता जा रहा था। कभी वह खाली लोटे से पानी निकालता और कहता जाता—'वाटर ऑफ इंडिया', तो कभी वह कागज के फूलों से सचमुच का फूल बना देता; जो सिर्फ हाथ की सफाई थी और वह सबसे वाहवाही लूट रहा था। यह सब देख अब रमेश से रहा नहीं गया। वह भी अपना जादू दिखा वाहवाही लूटना चाहता था। अत: वह उठा और स्टेज पर जाकर जादूगर से पूछता है कि 'क्या आपको प्रत्युत्पन्न दर्पण बनाना आता

है?' जादूगर ने पूछा—'यह कौन-सा दर्पण है?' तो रमेश ने कहा—'अरे! तत्काल बननेवाला दर्पण।' जादूगर को सचमुच में यह नहीं आता था। अत: अपनी हार मानते हुए उसने रमेश को ही दर्पण बनाने के लिए कहा। रमेश ने कहा—'ठीक है, अभी आकर दिखाता हूँ।' इतना कह वह शीघ्रता से अपनी रसायन प्रयोगशाला में गया और वहाँ से दो रसायन, गोल काँच का एक लिटर की क्षमतावाला एक फ्लास्क, स्प्रिट लैंप तथा स्टैंड लेकर जादूगर के पास पहुँचा। स्टेज पर जाकर रमेश ने फ्लास्क को स्टैंड पर कसा और दोनों रसायनों को पानी में अलग-अलग घोलकर दो गिलासों में रख लिया। अब उस फ्लास्क के नीचे स्प्रिट लैंप जलाकर रख दिया। अपने शिक्षकों, महान् रसायनशास्त्रियों के नाम लेते हुए इन पारदर्शी जल सदृश घोलों को फ्लास्क में पानी कहते हुए भर दिया और 'अग्निदेव स्वाहा' कहता गया। जैसे-जैसे फ्लास्क का घोल गरम होता गया, उसकी भीतरी सतह चमकदार बनती गई और अंत में जहाँ तक घोल भरा हुआ था वहाँ तक की सतह चमकदार हो दर्पण की भाँति चमकने लगी और अब इस माया दर्पण पर चेहरा साफ देखा जा सकता था।

दर्शकगण इसे देखकर बहुत खुश हुए और जादूगर इस तत्काल बननेवाले दर्पण का जादू जानना चाहता था। अत: रमेश ने जादूगर से शर्त रखी कि वह तीन-चार जादू उसे भी सिखाए और इस तरह बात तय हो गई। तब रमेश ने बताया कि इस जादू में अमोनिया और सिल्वर नाइट्रेट ($Ag NO_3$) को आसवित जल में घोलकर एक गिलास में तथा दूसरे गिलास में फार्मेलीन घोल को

लिया था। दोनों द्रव आपस में मिल, गरम होते ही फार्मेलीन क्षारीय सिल्वर नाइट्रेट को शुद्ध चमकती चाँदी में बदल देता है। यही चाँदी फ्लास्क की अंदर की सतह पर जमा होकर दर्पण का निर्माण करती है। रसायनशास्त्री इसे 'सिल्वर मिरर टेस्ट' कहते हैं। इसे निम्न सूत्र द्वारा समझा जा सकता है—

$$RCHO+2Ag\ (NH_3)_2+2O\bar{H} \rightarrow RCO_2^-NH_4^++2Ag.+H_2O.$$

स्याहियाँ तरह-तरह की

प्राचीन काल से दस्तावेजों तथा अपने विचारों को सुरक्षित रखने के लिए पेड़-पौधों से प्राप्त रंजकों का प्रयोग किया जाता रहा है और आज तो अनेक प्रकार की स्याहियों की खोज हो चुकी है। ये स्याहियाँ लिखने के साधनों को ध्यान में रखकर बनाई जाती हैं; चाहे वह कलम व बालपेन की स्याही हो, प्लास्टिक कागज पर लिखने की स्याही हो, लेटरपैड पर सील लगानेवाली स्याही हो या पानी से अप्रभावित होनेवाली स्याही हो। आइए, इन सभी स्याहियों का रहस्य विस्तार से प्राप्त करें।

1. बाल प्वाइंट स्याही

मुझे याद है, जब मैं छोटी थी तथा स्कूल पढ़ने जाती थी तो स्कूल में लिखने के लिए स्याही की दवात एवं निब लगे होल्डर साथ ले जाती थी। कभी रास्ते में दवात हाथ से छूटकर गिर जाती और स्याही बिखर जाती तो कभी बस्ते में ही तिरछी हो ढक्कन खुल जाने से स्याही गिर जाती, जिससे कॉपी-किताब खराब हो जाती थीं। ऐसे में भला हो बाल प्वाइंट की स्याही के आविष्कारक का, जिसने यह परेशानी दूर कर दी और आज आप सबको पेन, होल्डरों एवं स्याही को स्कूल ले जाने की परेशानी से मुक्त कर दिया। इसका आविष्कार अंतरिक्ष यात्रियों के लिए किया गया था।

बाल प्वाइंट की स्याही की एक और विशेषता होती है कि इससे लिखने में किसी तरह की रुकावट नहीं होती। इसका प्रवाह लगातार बना रहता है और पेपर पर लिखते ही यह सूख जाती है तथा फैलती नहीं है। यहाँ इसे बनाने के लिए रंगीन रंजकों को ओलिक एसिड, अरंडी का तेल एवं सल्फोनामाइड में घोला जाता है या गोंद के हलके घोल में मिलाकर बनाते हैं।

2. स्टैंप पैड या निशान बनानेवाली स्याही

इस प्रकार की स्याही का प्रयोग रबर या कपड़े के पैड पर फैलाकर तथा सोखकर किया जाता है। ये पैड्स जल्दी नहीं सूखते तथा कई सालों तक प्रयोग में लाए जा सकते हैं। सील या आकृति को कागज या कपड़े पर अंकित करने से पूर्व इन स्याहीयुक्त पैड्स पर रखकर गीला कर लेते हैं, तत्पश्चात् इन्हें कागज या कपड़े की सतह पर रखकर जोर से दबा देते हैं। इस तरह ये आकृतियाँ हमेशा के लिए छप जाती हैं।

दस्तावेजों पर छाप या मुहर लगाने के लिए अलग-अलग तरह की स्याही की आवश्यकता होती है। साधारण स्याही से मुहर को गीला कर सील नहीं लगा सकते। तो आओ, मुहर लगाने की स्याही कैसे बनाते हैं, बतलाती हूँ। साधारण मुहर स्याही बनाने के लिए 'इंडियुलिन' नामक रंग को ग्लिसरीन, फीनोल या क्रीसॉल में घोला जाता है। मार्किंग स्याही बनाने के लिए इस साधारण मुहर स्याही को पानी, अल्कोहल, टरपेंटाइन या मोम में घोलकर बनाते हैं। सामान्यतया स्याही बनाने के लिए पाँच प्रमुख रंजकों का प्रयोग किया जाता है—1. एजो, 2. ट्राई-फिनाइलमीथेन, 3. एंथ्राक्वीनोन, 4. वेट, 5. थैलोसायनीन।

3. पानी से अप्रभावित स्याही

इस तरह की स्याही पानी से शीघ्र प्रभावित नहीं होती, अर्थात् फैलती व मिटती नहीं। इस तरह की स्याही में रंजक तो ऊपर बताई गई स्याहियों के ही होते हैं, परंतु इसमें लेटेक्स, सरेस आदि भी मिलाए जाते हैं।

4. थूक या लार से गुप्त दस्तावेज तैयार करना

इस प्रकार की स्याही को बनाने के लिए ओक (चीड़) वृक्ष से प्राप्त सरेस तथा कॉपर सल्फेट (नीला थोथा) को मिलाकर घोल बना लेते हैं तथा इस घोल को पेपर पर फैला देते हैं। पेपर के सूख जाने के पश्चात् पेन की निब को थूक या लार से गीला कर लिखने से गुप्त दस्तावेज तैयार किया जा सकता है। इसी तरह नीला थोथा की जगह हरा कसीस (फेरस सल्फेट) को ओक वृक्ष से प्राप्त गोंद के साथ मिलाकर घोल बना लेते हैं। तत्पश्चात् थूक या लार की सहायता से गुप्त दस्तावेज बनाया जाता है। यह स्याही समय के

साथ-साथ लुप्त हो जाती है।

5. प्रिंटिंग स्याही

अखबार, किताब व अन्य बड़े-बड़े पोस्टरों पर प्रिंट करने के लिए तीन तरह की स्याही का प्रयोग किया जाता है—

(i) इसमें रंग को मिनरल ऑयल या शीघ्रातिशीघ्र सूखनेवाले तेल में मिलाकर प्रयोग में लाया जाता है।

(ii) इसमें एनीलीन रंग को वाष्पशील द्रव या गोंद के घोल में मिलाकर प्रयोग में लाया जाता है। इस तरह की स्याही का प्रयोग चमकीले रंगों तथा शीघ्रातिशीघ्र बननेवाली ड्राइंग में किया जाता है।

(iii) इस तरह की कॉपिंग करने के लिए आयरन व टेनिनयुक्त स्याही का प्रयोग किया जाता है।

फल पकाऊ रसायन

चाहे भुसावल के केले हों या बनारस के लँगड़े आम या फिर लखनऊ के दशहरी आम हों, इनका मधुर स्वाद हर व्यक्ति घर बैठे ही चखना चाहता है। अब इन सुस्वादु फलों को रेलगाड़ियों और ट्रकों के माध्यम से सबको तत्काल सुलभ कराना तो संभव नहीं है, पर रसायनों का कमाल फलों को देता है यह अंजाम। कच्चे, गदरे, वयस्क फल टोकरियों, पेटियों आदि में भरकर निर्दिष्ट जगह में भेज दिए जाते हैं। विक्रेता कच्चे फलों को एक बंद कमरे में रखकर एक पकाऊ गैस की उपस्थिति में रख देता है। तत्पश्चात् गैस से पके सुस्वादु फलों को विक्रेता ग्राहकों को डाली में पके फल कहकर उपलब्ध कराता रहता है।

जी हाँ, यह पकाऊ गैस आपकी चिर परिचित ईथीलीन (C_2H_4) गैस ही है।

देख भई देख, रँगीला नजारा देख

आपने स्वच्छ आकाश में सात रंगोंवाला इंद्रधनुष तो देखा होगा। प्रयोगशाला में भी बड़े बच्चों ने काँच के पारदर्शी रंगहीन प्रिज्म से निकलती

सप्तरंगीन पट्टिका देखी होगी। मैं आपको यहाँ रंगहीन रासायनिक द्रवों की मदद से रँगीला नजारा तैयार करने की विधि बताना चाहती हूँ। जादू दिखानेवाला प्राय: काँच के बीकरों में पीने का पानी दर्शकों से मँगाकर सामने रखवाता है और साथ ही अन्य दो-तीन बीकर, जिनमें घुले हुए रसायनों के रंगहीन विलयन होते हैं, यह कहते हुए रख लेता है कि देखो, ये भी स्वच्छ पानी से भरे बीकर हैं। थोड़ी देर बाद वह दर्शकों को बातों में उलझाकर बीकरों की अदला-बदली बड़ी चतुराई से कर देता है। फिर इन पारदर्शी बीकरों के द्रवों को आपस में मिलाकर, रासायनिक क्रिया द्वारा तरह-तरह के रंगीन द्रव बनाकर दर्शकों की वाहवाही लूटता है।

1. नीले रंग का नजारा

एक बीकर में अमोनियम कार्बोनेट के घोल को दूसरे बीकर में रखे कॉपर सल्फेट के घोल में मिलाने से रंगहीन द्रव गहरे नीले रंग में बदल जाएगा।

2. काले रंग का नजारा

इसे बनाने के लिए एक प्रकार की गोंद, जिसे 'गाल्स' भी कहते हैं, का सांद्र घोल एक दिन पहले बनाकर तथा छानकर एक बीकर में रख लेते हैं। दूसरे बीकर में आयरन सल्फेट का तनु रंगहीन घोल लेते हैं। अब दोनों रंगहीन द्रवों को आपस में मिलाने से काले रंग का नजारा दिखने लगेगा।

काले रंग के नजारे का यह जादू पानी में हाइड्रोजन सल्फाइड या सोडियम सल्फाइड के घोल को आयरन सल्फेट या कॉपर सल्फेट के रंगहीन विलयनों में मिलाने पर भी आप दिखा सकते हैं।

3. लाल रंग का नजारा

एक बीकर में या काँच के गिलास में आधा चम्मच फिनाफ्थेलीन घोल लें और दूसरे बीकर में सोडियम कार्बोनेट या अमोनिया का सांद्र घोल पानी में बना लें। अब इन पारदर्शी विलयनों के मिलाने पर आकर्षक लाल रंग का नजारा दर्शकों का मन मोह लेगा।

4. रंगीन द्रव को रंगहीन करने का नजारा

फ़िनाफ्थेलीन एवं सोडियम कार्बोनेट के पानी को आपस में मिलाने से

जो लाल शराब जैसा रंग मिलता है, यदि अब इसमें टारटरिक अम्ल के सांद्र रंगहीन द्रव को मिलाएँ तो लाल रंग गायब हो जाएगा और रह जाएगा सिर्फ एक रंगहीन द्रव। है न कितने मजे की बात!

जीवाश्म भंडारण

बच्चो! आपने अजायबघरों, स्कूलों, कॉलेजों व विश्वविद्यालय की प्रयोगशालाओं और जादूगरों के पास काँच के बड़े-बड़े पारदर्शी मर्तबानों में विशाल अजगर, मगर, घड़ियाल, विभिन्न प्रकार के पक्षी, सर्प, बिच्छू, नेवला

आदि के शवों एवं उनके अस्थि-पंजरों को जल समाधि लेते हुए देखा होगा। क्या आप बंता सकते हैं कि वे कैसे सालोंसाल सुरक्षित रखे रहते हैं? सामान्यत: जानवर, साँप, चिड़िया, बंदर आदि के शव थोड़े समय बाद सड़ने लगते हैं और उनसे बदबू आने लगती है। यदि उन्हें पानी में भी रखें तो वे फूलकर खराब हो जाएँगे। पर प्रयोगशालाओं के विचित्र रसायन में ये सजीव-से आँखें खोले हमें निहारते-से लगते हैं।

आप भी अपने घर में इन मृत जानवर, पक्षियों, साँप, बिच्छू आदि को सुरक्षित रख छोटा-सा अजायबघर बनाकर आए हुए मेहमानों को दिखा अचरज में डाल सकते हो। बस इसके लिए आपको केमिस्ट की दुकान या प्रयोगशाला से 'फार्मेल्डीहाइड' नामक द्रव लाना होगा। अब इस द्रव में आसवित जल मिलाकर, 95 प्रतिशत घोल तैयार कर बड़ी-बड़ी शीशियों में

भरकर रख लें और जब भी जिस मृत जीव को सुरक्षित रखना हो, तो उसे हार्डबोर्ड में छोटी-छोटी कीलों की सहायता से प्राकृतिक सजीव सदृश आकार में फिक्स कर दें तथा चौड़े मुँह के काँच के मर्तबानों में तिरछा रख ऊपर से तैयार किया हुआ द्रव भर दें। मर्तबान को काँच की प्लेट या ढक्कन से बंद कर ऊपर से मोम द्वारा सील बंद कर दें, ताकि द्रव का वाष्पीकरण न होने पाए। बस आपका जीवाश्म भंडारण तैयार हो गया—सदा के लिए। यह रहस्य आपके दोस्त जानना चाहें तो जरूर बताएँ, ताकि वे भी जीवाश्म भंडारण कर घर बैठे जानवरों को जी-भर निहार सकें और अन्य लोगों की सामान्य ज्ञान की बढ़ोतरी करा सकें।

वस्तुतः यहाँ 40 प्रतिशत फार्मेल्डीहाइड का जलीय घोल, जिसे हम रसायनशास्त्री 'फार्मेलीन रसायन' कहते हैं, मृत जानवरों को सड़ने-गलने व ऑक्सीकृत होने से बचा सुरक्षित रखने का कार्य करता है।

धातु-अधातु का लुप्त हो जाना

आप रासायनिक क्रियाओं के द्वारा अपने दोस्तों पर अपनी बुद्धिमानी की धाक जमा सकते हैं। आपने शुरू में पढ़ा है कि केमेस्ट्री (रसायनशास्त्र) विषय एक छुपा हुआ रुस्तम है; जिसमें अनेकानेक आश्चर्य में डालनेवाली क्रियाओं का समावेश है। ऐसी ही एक क्रिया है धातु-अधातु का लुप्त हो जाना। चाहे जितनी बड़ी धातु की छड़ हो, अम्ल में डालते ही देखते-देखते खत्म हो जाएगी और उसका नामोनिशान तक नहीं होगा। तो आओ, आप अपने दोस्तों में बड़े रोब के साथ कह सकते हो कि मैं पूरी-की-पूरी छड़ को मिनटों में पारदर्शी द्रव में गायब कर सकता हूँ। इसको दिखाने के लिए आप निम्न प्रयोग कर सकते हैं।

विधि 1—आप एक जिंक धातु की लगभग दो इंच लंबी छड़ लें और उसे सौ मिलीलिटर गंधक के अम्ल में डाल दें। बस, तत्काल इस धातु एवं अम्ल की क्रिया के फलस्वरूप गैस के बुलबुले निकलना शुरू हो जाएँगे और थोड़ी ही देर में जिंक धातु की छड़ पूरी-की-पूरी खत्म हो जाएगी। अपने जादू के प्रभाव को बनाए रखने के लिए साथ ही मंत्रोच्चार कर जलराक्षस का

आह्वान करें और बुलबुलों से उसकी उपस्थिति की पुष्टि भी करें। है न कितनी विचित्र बात!

यहाँ जिंक धातु गंधक के अम्ल के साथ मिलकर हाइड्रोजन गैस बनाती है और स्वयं पूरी-की-पूरी खत्म हो जाती है। हाइड्रोजन गैस यों तो ज्वलनशील नहीं है, परंतु यदि कोई जलती हुई वस्तु पास में रखी हो तो आग में घी का काम करती है। अत: इस प्रयोग को दिखाते समय जलती हुई वस्तुएँ पास में न रखें।

विधि 2—इसको दिखाते समय स्टील की या चीनी मिट्टी की एक प्लेट में गंधक का पाउडर लें। अब इस पाउडर पर जलती हुई माचिस की तीली दिखा दें। जलती हुई तीली का स्पर्श पाते ही यह नीले रंग की लौ में जलने लगेगा। जलने के साथ ही आप एक तीखी गंध का अनुभव करेंगे, अत: सावधानी रखें और गैस को न सूँघें।

यहाँ जलता गंधक वातावरण की ऑक्सीजन गैस से मिलकर सल्फर डाइऑक्साइड गैस के रूप में बदल जाता है और पूरा-का-पूरा गंधक खत्म हो जाता है।

विधि 3—सोने को अदृश्य करने के लिए अम्लराज (एक्वारीजिया) का प्रयोग किया जाता है। घरों में आनेवाले ठग प्राय: जेवर साफ करने के बहाने गहनों से सोना घोलकर ले जाते हैं। इसी प्रकार अम्लराज में अनेक धातुएँ आसानी से घुलकर अदृश्य हो जाती हैं।

विधि 4—पानी से भरे हुए एक बीकर में पेंसिल मिटानेवाली रबड़ के टुकड़ों को डालते हुए अदृश्य करने का भ्रम उत्पन्न कर सकते हैं। पेंसिल से लिखे हुए शब्दों को रबड़ से मिटाकर दिखाएँ। अब इस रबड़ के छोटे-छोटे टुकड़े काटकर पास में रखे एक चाय के खाली कप में रखते जाएँ। इसके उपरांत एक चिमटी से इन टुकड़ों को उठाने के बजाय पहले से ही पास में रखे दूसरे कप में कैरोसीन के अंदर रखे सोडियम के टुकड़ों को उठाकर बीकर के पानी में डालें और मंत्रोच्चार के साथ जलराक्षस का आह्वान करें।

यहाँ सोडियम पानी से क्रिया कर चट-चट की आवाज के साथ नृत्य करता हुआ अंत में लुप्त हो जाएगा। साथ ही बुलबुलों के रूप में निकलनेवाली

हाइड्रोजन गैस को दर्शकगण जादुई कमाल और जलराक्षस की उपस्थिति समझेंगे।

विधि 5—काँच के टुकड़ों को लेकर जल में अदृश्य करने का जादू भी आप दिखा सकते हैं। बस जल के स्थान पर आपको क्वाटर्ज ग्लास से बने बीकर में हाइड्रोफ्लोरिक अम्ल को लेना होगा। अब इस अम्ल में डाले काँच के छोटे-छोटे टुकड़े 'गिली-गिली अप्पा' के प्रसिद्ध मंत्र के साथ काँच को अदृश्य कर देगा।

यहाँ क्वाटर्ज ग्लास हाइड्रोफ्लोरिक अम्ल से क्रिया नहीं करता; जबकि अन्य साधारण काँच इस अम्ल में घुल जाते हैं।

मौसमवक्ता रसायन ज्योतिषी

दिल्ली, उज्जैन और जयपुर के जंतर-मंतर में उपलब्ध धूपघड़ी, बालूघड़ी, जलघड़ी आदि ज्योतिष के अद्‌भुत उपकरण देखने अनेक पर्यटक जाते हैं। साथ ही दूरदर्शन पर भी आप लोग समाचारों के पश्चात् मौसम की विस्तृत जानकारी प्राप्त करते हैं; परंतु मौसम की भविष्यवाणी अनेक बार एक परिहास का विषय बन जाती है। पर मैं यहाँ आपको जिम्मेदार रसायन ज्योतिषी बनने का एक गुर बता रही हूँ; ताकि मौसम की भविष्यवाणी सहजता से करके आप अपना सिक्का जमा सकते हैं। तो आओ, नोट करो।

ज्योतिषी बनने के लिए निम्न सामग्री इकट्‌ठी करनी होगी—

1. कपूर	2 ग्राम
2. पोटैशियम नाइट्रेट	2 ग्राम
3. अमोनियम क्लोराइड	0.5 ग्राम
4. एब्सोलूट अल्कोहल	15 मिलीलिटर
5. डिस्टिल्ड वाटर	15 मिलीलिटर
6. काँच का बीकर	250 मिलीलिटर आयतनवाला
7. काँच की नली	2 से.मी. व्यासवाली 25 से.मी. लंबी
8. लकड़ी का तख्ता	30 से.मी. × 20 से.मी.
9. हुक एवं कील	दो हुक एवं एक कील

10. मोम या लाख सीलबंद करने के लिए (अंदाज से)
11. कॉर्क एक

बनाने की विधि

काँच की नली का एक सिरा गैस की तीव्र लौ की मदद से बंद कर लिया जाता है और लकड़ी के तख्ते पर दो हुकों की मदद से कस दिया जाता

है। अब ऊपर बताए रसायनों को काँच के बीकर में लेकर मिलाते हैं और हलका गरम करते हैं, ताकि सभी सामग्री घुल जाए। घोल बन जाने पर घोल को पूरी तरह ठंडा होने से पूर्व ही नली में भर देते हैं और खुले सिरे पर कॉर्क लगा कसकर बंद कर देते हैं। ऊपर से लाख या मोम को पिघलाकर एयर टाइट सील लगा देते हैं। जानकारी के लिए रसायन ज्योतिष के निम्न निर्देशों को कागज पर बड़ा-बड़ा साफ लिखकर लकड़ी के तख्ते पर काँच की नली के बगल में चिपका देते हैं।

ज्योतिष निर्देश

क्रम	आकृतियों का दृष्टिगोचर होना	मौसम
1.	द्रव की ऊपरी सतह पर पेड़-पौधों की-सी उभरती आकृति दिखाई दे।	ठंडा और तूफानी
2.	द्रव की निचली सतह पर पेड़-पौधों की-सी उभरती आकृति दिखाई दे।	ठंड में वृद्धि

3. द्रव की सतह से उभरती आकृति का धीरे-धीरे खत्म होना दिखे। ठंड में कमी

4. साफ और स्पष्ट द्रव दिखे। शुष्क एवं सुहावना

5. द्रव में कणों की उत्पत्ति और उनका ऊपरी या निचली सतह की ओर बढ़ता दिखाई दे। तूफानी मौसम की आशंका

इस तरह नली में दिखाई देनेवाले लक्षणों के आधार पर ठंडा, शुष्क, सुहावना एवं तूफानी मौसम के विषय में आसानी से बताया जा सकता है।

रासायनिक कैलेंडर

एक थी शीला। उसकी एक सहेली थी, जिसका नाम था उमा। एक दिन उमा शीला के घर पर स्कूल का होमवर्क पूरा करने गई हुई थी। वे दोनों आपस में गपशप भी करती जातीं और उमा कक्षा में पढ़ाए गए नोट्स भी उतारती जाती। बातों-बातों में शाम होने आ चली थी कि अचानक शीला का ध्यान टेबल के सामने दीवार पर लगी हुई नीले आकाशवाली सीनरी पर पड़ा तो वह एकदम घबड़ा उठी और उमा से बोली कि 'उमा, देखो बारिश आने वाली है। अतः तुम जल्दी घर जाओ।' उमा ने कहा—'मैं क्या देखूँ?' तो शीला ने सीनरी की तरफ इशारा किया और बोली—'देखो, नीले रंग की सीनरी गुलाबी रंग में बदलती जा रही है।' उमा कुछ भयभीत-सी होकर बोली—'शीला, यह कौन-सा जादू-टोना है, या कोई प्रेतात्मा है? इस रंग-

परिवर्तन से तुम्हारी बारिश आने की भविष्यवाणी का क्या संबंध है ? पूरी बात बताओ।' इतने में शीला की माँ बच्चों के लिए चाय-नाश्ता भी लेकर आ गईं। चाय पीते-पीते आधा घंटा और बीता होगा कि खिड़की से ठंडी बयार का झोंका आने लगा और शीघ्र ही बारिश होने लगी। अब तो उमा के आश्चर्य का ठिकाना न रहा।

तो बच्चो ! यह न कोई जादू-टोना था और न कोई प्रेतात्मा का कमाल; बल्कि यह तो है एक रसायन का कमाल, जिसकी मदद से तुम भी कैलेंडर बना घर में टाँग सकते हो और मौसम में परिवर्तन की जानकारी हासिल कर सकते हो।

इसको बनाने के लिए एक तसवीर, जिसमें बादल आदि बने हों, सफेद स्याही सोख्ता (ब्लाटिंग पेपर) तथा 10 ग्राम कोबाल्ट क्लोराइड, 5 ग्राम नमक एवं पानी (अंदाज से जितनी आवश्यकता हो) लें। अब सबसे पहले थोड़े से पानी में कोबाल्ट क्लोराइड एवं नमक को घोल लें तथा इसमें स्याही सोख्ता को डुबाएँ, ताकि वह इस घोल को अच्छी तरह सोख ले। घोल को सोख लेने के बाद इसे अच्छी तरह छाया में सुखा लें तथा तसवीर में बादलों के पास इस तरह चिपका दें कि तसवीर खूबसूरत लगे। गरम और शुष्क (सूखे) मौसम में इस पेपर का चमकीला नीला रंग ही बना रहेगा; परंतु जैसे ही वातावरण में नमी की उपस्थिति का आभास होगा वैसे ही यह नीला रंग गुलाबी रंग में बदल जाएगा।

वातावरण में नमी और ठंडी बयार बारिश का संदेश लेकर आती है। वस्तुतः नमक जल-शोषक है और कोबाल्ट क्लोराइड जल सोखकर नीले से गुलाबी रंग में बदलने का गुण रखता है। इसी गुण के कारण भौतिकी एवं रासायनिक प्रयोगशाला में स्पेक्ट्रोफोटोमीटर, एन.एम.आर., आई.आर. आदि महँगे उपकरणों में तथा बाजार में उपलब्ध चाय, दवाई के पैकेट, थर्मस फ्लास्क एवं पानी की बोतलों में कोबाल्ट क्लोराइड मिश्रित सिलिका जैल को कपड़े की छोटी-छोटी थैलियों में भरकर रख देते हैं; ताकि नमी व फफूँद से ये वस्तुएँ सुरक्षित रहें। नीली सिलिका जैल यदि गुलाबी रंग की हो जाती है तो समझ लीजिए, उपकरणों में नमी की उपस्थिति है और उनकी

विश्वसनीयता संदिग्ध हो जाती है; अत: नमी को दूर करना अत्यंत आवश्यक हो जाता है।

सोने-चाँदी के वृक्ष

बच्चो! कल्पना कीजिए, यदि सोने-चाँदी के वृक्ष बगीचों व जंगलों में पाए जाते तो कितना मजा आता! जब जी में आता, इन अमूल्य धातुओं को तोड़कर ले आते तथा बाजार में इनके बदले में मनचाही वस्तुएँ खरीदकर अपनी मुरादों को पूरी कर लेते। किंतु आप इतने मायूस न हों। मैं इन्हें प्राप्त करने की एक तरकीब बता रही हूँ, जिसमें रसायनों के प्रयोग से सोने-चाँदी के वृक्षों का दृश्य देख सकते हैं और मन को तसल्ली भी दे सकते हैं कि हमारे पास सोने-चाँदी के चमकते-दमकते वृक्ष हैं।

इन्हें बनाने के लिए किसी प्रयोगशाला या केमिस्ट की दुकान से कुछ रसायन एकत्रित करना है। ये रसायन हैं—मरक्यूरस नाइट्रेट, सिल्वर नाइट्रेट, गोल्ड क्लोराइड, नाइट्रिक अम्ल एवं हाइड्रोक्लोरिक अम्ल। नाइट्रिक अम्ल और हाइड्रोक्लोरिक अम्ल को 1 : 3 के अनुपात में लेकर रख लेते हैं। इस मिश्रण को अम्लराज (एक्वारीजिया) कहते हैं।

चाँदी के वृक्ष बनाने के लिए एक भाग सिल्वर नाइट्रेट ($AgNO_3$) में दो भाग अम्लराज मिलाकर बोतल में रख लिया जाता है। इसी प्रकार सोने के वृक्ष बनाने के लिए एक भाग गोल्ड क्लोराइड ($AuCl_3$) को दो भाग अम्लराज (एक्वारीजिया) में मिलाकर रंगीन बोतल में रख लिया जाता है। तीसरी बोतल में आठ भाग मरक्यूरस नाइट्रेट ($HgNO_3$) को अम्लराज में घोलकर रखा जाता है। अब यदि चाँदी के वृक्ष बनाना हो तो काँच के एक ट्रफ में सिल्वर नाइट्रेट और मरक्यूरस नाइट्रेट के अम्लीय घोलों को मिलाकर भर देते हैं। थोड़ी देर बाद चाँदी के चमकते-दमकते हुए वृक्ष व झाड़ियाँ बनती हुई दिखाई देने लगेंगी। इन्हें देखकर आप चकित हो उठेंगे। इसी प्रकार काँच के दूसरे ट्रफ में गोल्ड क्लोराइड और मरक्यूरस नाइट्रेट के अम्लीय घोलों को मिलाने पर सोने के वृक्षों का बगीचा बन जाता है।

इन क्रियाओं के गर्भ में केल्सीनेशन के कारण मरक्यूरी (पारद) का

वजन बढ़ता है, जिससे सोने-चाँदी के वृक्षों के निर्माण का आभास होता है।

काले चोर का जादू

आओ बच्चो! मैं आपसे एक पहेली पूछती हूँ। तो सुनो—

'एक कमरे में चालीस चोर घुसे थे, सबका मुँह था काला।

पैर पकड़कर पटक दिया, घर में हो गया उजाला॥'

इस पहेली में रसायनों का जादू छिपा हुआ है और जिसके बिना घर, गाँव, शहर के चूल्हे जल ही नहीं सकते। हाँ तो बच्चो, इसका उत्तर बताओ जरा। दिमाग पर जोर लगाओ, सोचो-सोचो। क्या कहा? नहीं याद आ रहा। मैं ही इसका उत्तर बता देती हूँ। उत्तर है—माचिस की डिबिया। यहाँ चोरों के मुँह यानी माचिस की तीलियों पर लगा हुआ है काला मसाला, जिसको घिसते ही माचिस की तीली जल उठती है। यह काला मसाला निम्न रसायनों—पोटैशियम क्लोरेट, एंटीमनी सल्फाइड, लाल फास्फोरस और गोंद का मिश्रण होता है। माचिस की डिबिया की रगड़नेवाली भूरी सतह पर पोटैशियम क्लोरेट चिपकाया हुआ होता है। यह पोटैशियम क्लोरेट रंगहीन काँच जैसा ठोस पदार्थ होता है। इसी पर तीली के रगड़ने से चिनगारी पैदा होती है और यही चिनगारी आग को पैदा करने में प्रयोग होती है।

यहाँ एंटीमनी सल्फाइड को फास्फोरस के साथ मिलाकर पोटैशियम क्लोरेट पर रगड़ने से ऑक्सीजन उत्पन्न होती है, जिससे फास्फोरस जल उठता है और एंटीमनी सल्फाइड आग को रंग प्रदान करता है। यही रासायनिक तथ्य माचिस की डिबिया में काले चोर के रूप में छुपा हुआ है।

रसायनों से राष्ट्रीय ध्वज बनाना

बच्चो! 15 अगस्त और 26 जनवरी के राष्ट्रीय पर्वों पर स्कूलों, सरकारी भवनों और लालकिले पर आपने तिरंगा झंडा फहराते हुए देखा होगा। तिरंगे झंडे में तीन रंग एवं बीच में अशोक चक्र होता है। नीचे हरे रंग की पट्टी, बीच में सफेद रंग की पट्टी के मध्य गाढ़े नीले रंग का अशोक चक्र और ऊपर नारंगी रंग की पट्टी होती है। आओ, इस तिरंगे झंडे को

रसायनों की मदद से एक काँच के जार में बनाएँ।

एक क्रोमेटोग्राफी जार (25 से.मी. × 25 से.मी. × 11 से.मी.) लें, जो रासायनिक प्रयोगशाला में आसानी से उपलब्ध हो जाएगा। अब कुछ ताजा पिसी हुई हरी पत्तियों को 1.5 लिटर क्लोरोफार्म या कार्बन टेट्राक्लोराइड में घोलकर छान लें और इस घुले क्लोरोफिल को जार में भर दें। जार की खाली सतह को पोंछ दें, ताकि अतिरिक्त लगा हरा रंग दूर हो जाए। अब जार की एक साइड से 1.0 लिटर पतला दूध भर दें। तत्पश्चात् एसीटोफिनोन का 2-4 डाइनाइट्रोफिनाइल हाइड्राजोन यौगिक को 1.5 लिटर बैंजीन में घोल लें। इस नारंगी रंग के घोल को भी जार में किनारे से भर दें। तत्पश्चात् इस जार को घिसे हुए काँच की प्लेट से ढक दें, ताकि जार में भरे हुए द्रवों का वाष्पीकरण न हो। एक कागज पर नीले रंग की स्याही का प्रयोग करते हुए उचित आकार के दो अशोक चक्र बनाकर काट लें तथा जार की दोनों बाहरी सतहों के मध्य इस प्रकार चिपकाएँ कि वह सफेद पट्टी के बीचोबीच चिपके। बस, आपका रासायनिक झंडा तैयार हो गया।

यह रासायनिक झंडा दो सप्ताह से अधिक समय तक जार के अंदर फहराए रख सकते हैं। तत्पश्चात् क्लोरोफिल के हरे रंग में धुँधलापन आना शुरू हो जाता है। ये तीनों पट्टियाँ आपस में मिलेंगी नहीं; क्योंकि क्लोरोफिल का आपेक्षिक घनत्व 1.49, दूध का लगभग 1.0 तथा बैंजीन का 0.88 होता है। है न मजे की बात!

उत्प्रेरक का कमाल

बच्चो! रसायनशास्त्र है ही नए-नए कारनामों से भरा हुआ। सभी रसायनशास्त्री इकट्ठे हो जाएँ और उनसे आप पूछें कि पीरियाडिक टेबल में दर्शाए गए तत्त्वों से कुल कितने यौगिक बनाए गए हैं? तो कोई भी सही उत्तर, यहाँ तक कि निकटतम उत्तर बताने में भी, समर्थ न होगा। आज पूरे विश्व में प्रत्येक दिन में सामान्यतया दस यौगिक संश्लेषित हो रहे हैं और प्रतिवर्ष इनकी संख्या बढ़ती ही जा रही है। रसायन इन्फॉर्मेशन कोष्ठ द्वारा पता चला है कि अब तक प्राकृतिक कच्चे माल से करीब दो करोड़ रसायन

संश्लेषित हो चुके हैं। इन्हीं संश्लेषित यौगिकों में से एक यौगिक है पानी।

रसायनशाला में इस पानी को बनाने के लिए एक रसायनशास्त्री ने काँच का पाँच लिटर क्षमतावाला बड़ा गोल फ्लास्क लिया और उसमें ऑक्सीजन एवं हाइड्रोजन गैस को प्रयोगशाला से ही भरवाकर और कॉर्क लगाकर प्रयोग के लिए अपने पास सुरक्षित रख लिया। जब जादू दिखाना हुआ तो दर्शकों के समक्ष लाकर रख दिया और दर्शकों से पूछा कि 'क्या आप लोगों को इसमें कुछ दिखाई देता है?' सभी दर्शकगण एक साथ बोल उठे—'यह तो खाली है। इसमें कुछ भी नहीं है।' जवाब भी सही दिया गया था। कारण, गैस अदृश्य होती है और इस प्रकार काँच का बरतन खाली दिखाई दिया। अब शास्त्रीजी ने सावधानीपूर्वक एक प्लेटिनम तार को इस फ्लास्क में डाल दिया। देखते-ही-देखते वह फ्लास्क कोहरे से भर गया। कोहरा यानी कि पानी के अणु इसमें प्रकट हो गए। सभी दर्शक अचंभित थे कि अचानक खाली फ्लास्क में पानी व कोहरा कहाँ से आ गया! कई दर्शक उत्सुकतावश फ्लास्क में हाथ लगा-लगाकर देखने लगे। उन्हें न तो फ्लास्क ही गरम लगा, न ही भारी लगा और न ही कोई अन्य क्रिया दिखाई दी। यों तो मर्तबान में भरी गैस के मध्य पानी बनने की प्रक्रिया को हजारों साल लग जाते हैं, जबकि आपके सामने सिर्फ कुछ मिनटों के अंदर ही क्रिया हो पानी के यौगिक में परिवर्तित हो गई।

उक्त रासायनिक क्रिया में प्लेटिनम धातु का जादुई कमाल है, जो

उत्प्रेरक (Catalyst) का कार्य करता है। उत्प्रेरक धातु की विशेषता होती है कि वह बिना किसी क्रिया में भाग ले क्रिया को घटाती या बढ़ाती है। प्लेटिनम धातु 'नोबेल मेटल' भी कहलाती है। इसपर अम्ल, क्षार व सामान्य ताप का प्रभाव नहीं पड़ता। यदि प्लेटिनम धातु के अलावा अन्य धातुएँ; जैसेकि एलुमीनियम, ताँबा या लोहा आदि लें तो भी उक्त पानी बनने की क्रिया संभव नहीं है। इसका ध्यान रखना कि हाइड्रोजन व ऑक्सीजन गैस केवल प्रयोगशाला में ही निर्मित कर फ्लास्क में भरी जा सकती है।

जादूगर का काम, बिन पूछे लिखता आपका नाम

इस खेल को दिखाने से पहले अपने पास पोटैशियम नाइट्रेट का अति सांद्रतावाला घोल तैयार कर रख लो। ड्राइंग कागज की एक शीट तथा ड्राइंग ब्रश या स्याहीवाला पेन भी रख लो। अब ब्रश या पेन की सहायता से घोल

द्वारा कागज की शीट पर कोई नाम या डिजाइन बना दें; पर नाम या डिजाइन बनाते समय एक बात का विशेष ध्यान रखना है कि बिना ब्रश या पेन उठाए एक ही रेखा से पूरा-का-पूरा चित्र या नाम बन जाए; यानी कि शब्द के पहले अक्षर के अग्र बिंदु और अंतिम अक्षर के आखिरी बिंदु के बीच कहीं भी रेखा टूट न पाए। इस तरह इस घोल से बना शब्द या चित्र कागज के सूखने पर दिखाई नहीं देगा।

अब कागज की इस शीट्स को चारों तरफ से एक-एक सेंटीमीटर मोड़

दो, ताकि डिब्बे के ढक्कन की शक्ल में बन जाए और वह भाग, जिसपर लिखाई की हुई है, सामान्य धरातल से थोड़ा ऊपर उठा रहे।

इसके बाद एक धागा लेकर उसका एक सिरा जलाओ और फिर उसे इस तरह बुझा दो कि चिनगारीयुक्त धागा रह जाए। अब चिनगारी से लिखे हुए शब्द, नाम या चित्र के एक सिरे को छूना-भर है। चिनगारी के द्वारा इस अदृश्य रेखा को छूते ही जानते हो क्या होगा? रेखा के सहारे-सहारे कागज जलता जाएगा और गुप्त नाम या चित्र सामने उभरता हुआ नजर आने लगेगा; जिसे पढ़कर मजमून भाँप सकते हो कि कागज पर क्या लिखा या बना हुआ है। आश्चर्य तो इस बात का है कि पूरी-की-पूरी कागज की शीट जैसी-की-तैसी बची रहेगी।

है न मजेदार खेल कि आग छूते ही शब्द जलता हुआ दिखता है और अपनी उपस्थिति का आभास देकर हमें असमंजस में डाल देता है! आपके मित्र यह खेल देखकर आपसे अपने-अपने नाम जरूर लिखाने की फरमाइश करेंगे। अत: पहले से ही उपस्थित मित्रों के नाम लिखकर अपने पास सुरक्षित रख लें और जब कहें, पुन: मंत्रोच्चारण के साथ खेल दिखा दें। अब वे इसका रहस्य जानना चाहेंगे; पर मैं आपसे कहती हूँ कि यह रहस्य अपने तक ही सीमित रखना, ताकि दोस्तों की उत्सुकता बनी रहे।

बचाव के लिए होम सिगनल

बच्चो! प्राचीन काल से ही जलपोतों द्वारा समुद्री मार्ग से भारी सामान व उत्पादों का आयात-निर्यात किया जाता रहा है। समुद्री यात्रा के दौरान कई बार ये समुद्री जहाज विपत्तियों में फँस भी जाया करते हैं। जैसाकि आपने

सिंदबाद जहाजी की कथाओं में पढ़ा और दूरदर्शन पर देखा होगा। ऐसी स्थिति में वह अपने बचाव के लिए संदेश (सिगनल) भेजते हैं; ताकि अन्य जहाज उनकी तरफ आकर्षित होकर उनकी रक्षा के लिए आ सकें। इस प्रकार के एक सिगनल को बनाने की विधि आपको बताती हूँ, जिसे 'होम सिगनल' का नाम दिया गया है।

इसे बनाने के लिए कैल्शियम फास्फाइड और कैल्शियम कार्बाइड के रासायनिक मिश्रण की आवश्यकता होती है। इन दोनों का मिश्रण एक टिन के डिब्बे में भरकर बंद कर दिया जाता है। इस सिगनल की जब भी आवश्यकता होती है तो रासायनिक मिश्रण भरे डिब्बे में छेद कर उसे समुद्र में फेंक दिया जाता है।

इस प्रक्रिया में कैल्शियम फास्फाइड एवं कैल्शियम कार्बाइड जल से क्रिया करके 'फास्जीन' एवं 'एसीटिलीन' नामक गैसें बनाते हैं। फास्जीन में फास्फोरस डाइहाइड्राइड की अशुद्धि के कारण वह स्वतः ही जलने लगती है और साथ ही यह एसीटिलीन को भी जला देती है। फलस्वरूप एक तीव्र चमकीला प्रकाश उत्पन्न होता है, जो सिगनल का कार्य करता है और रक्षक जहाजों को अपनी ओर आकर्षित करता है।

□□□